1836

Alletz, Edouard

Maladies du siècle

MALADIES

DU SIÈCLE.

CORBEIL. — IMPRIMERIE DE CRÉTÉ.

MALADIES

DU SIÈCLE,

PAR

EDOUARD ALLETZ.

DEUXIÈME ÉDITION.

PARIS,

LIBRAIRIE DE CHARLES GOSSELIN ET Cie,

RUE SAINT-GERMAIN-DES-PRÉS, 9.

1836.

AVANT-PROPOS.

L'AUTEUR de cet ouvrage avait tracé, dans les *Esquisses de la Souffrance morale*, le tableau du cœur humain, représenté comme étant aux prises avec ces malheurs généraux qui sont de tous les pays, de tous les siècles, de toutes les sociétés.

Il essaie aujourd'hui de peindre quelques-unes de ces douleurs qui deviennent particulières à une époque, à un peuple, à une forme de gouvernement, à un certain état de mœurs.

Si ce premier essai est favorablement accueilli, il se propose de compléter dans un second volume le travail commencé.

Alors les *Maladies du siècle*, réunies aux *Esquisses de la Souffrance morale*, formeront un tableau de l'ame humaine observée dans l'ensemble de ses passions, une étude morale et pittoresque de l'homme et de la société, un vrai traité de psychologie en action, dans lequel se réuniront, au profit des plus hautes lois de la conscience, l'art et la philosophie, l'abstraction et la réalité, les accidens désordonnés en apparence de la vie et de la fortune, et les fins sublimes de la Providence qui ordonne toutes choses.

DISCOURS PRÉLIMINAIRE.

Il n'est pas nécessaire d'avoir observé l'ame humaine avec beaucoup d'attention pour avoir reconnu que sa vie est dans l'amour. L'amour est le mobile de la volonté. Le plus grand malheur pour l'ame c'est de manquer d'un objet déterminé qu'elle puisse aimer ; or, ce malheur est aujourd'hui la destinée commune. Oui, on dirait que tous les sublimes amours s'en vont. La foi, l'enthousiasme, la jalousie de la vraie gloire, les affections de famille, l'amitié, la sympathie, le patriotisme, tous ces instincts célestes semblent se retirer de nous ; mais l'ame, ne pouvant cesser d'aimer, se replie sur elle-même. De là cette terrible plénitude de soi, qui, sous la forme de la cupidité ou de l'ambition, produit une guerre sourde entre tous les membres de la société, et la menace d'une agitation épouvantable,

La question sociale est donc de trouver un but pour l'activité de tant de cœurs malades. C'est l'intelligence toute seule qui, depuis long-temps, est excitée et développée en France. L'importation de la philosophie allemande, et surtout du système de métaphysique illustré par les sévères et orgueilleuses méditations de Kant, a beaucoup contribué à introduire parmi nous ce culte superbe de la raison. La volonté éclairée par l'intelligence est tout l'homme, nous a dit le philosophe de Kœnigsberg : vouloir et penser sont de l'ame; aimer et sentir, du corps; toute joie et toute douleur ne proviennent que de l'agitation de nos organes périssables. Pythagore, tressaillant de bonheur à la découverte d'une vérité abstraite, n'avait pour siége de sa joie que les mêmes sens qui percevaient chez lui le plaisir de satisfaire sa faim ou sa soif, lorsque l'un ou l'autre de ces besoins le pressaient. Si ce système est vrai, adieu donc aux joies immortelles rêvées par le juste qui n'emportera que son ame dans une meilleure vie. Son corps est tombé en poussière; ses organes ne sont plus; le pouvoir d'être heureux s'éteint à jamais sous ses sens glacés; l'ame de ce juste arrive, chargée de ses vertus et de ses espérances, devant son Dieu; elle réclame sa couronne, le prix de tant de passions combattues, de tant de sacrifices accomplis, de tant de résignation dans le désir, et de patience dans l'amour; et Kant lui fait répondre par le Dieu qu'il a mis dans le ciel : « Mon essence est de vouloir et de connaître, mais non d'aimer ni de jouir. La science que tu boiras dans mon sein sera ton partage infini : dépouillé d'organes, n'attends pas d'autre récompense! »

Ah! je ne manquerais pas de voix pour démentir une pareille doctrine, si j'en appelais au poète recomposant un monde merveilleux avec les débris du nôtre; au géomètre déterminant avec un rayon de soleil et l'ombre d'un compas la figure des corps dont il ne peut s'approcher; au voyageur saisi d'admiration sur une terre lointaine, en face de la nature dont chaque beauté découverte est le prix d'une fatigue soufferte, le dédommagement d'une mort affrontée; à la victoire assise, un drapeau à la main, sur les ruines d'une cité conquise; à l'amour heureux d'un premier sourire, au repentir versant sa première larme. La conscience même de l'humanité déclare erronée cette philosophie qui déshérite l'ame de la puissance de jouir ou de souffrir en elle-même. Mais la fausseté d'un système ne devient évidente que par la nature des effets qu'il produit. Jusque-là, ses principes, voilés sous des formes captieuses, séduisent l'intelligence du grand nombre. Notre paresse naturelle nous empêche de contrôler la vérité de la doctrine qu'on nous annonce, et de vérifier à l'œil et à la balance le titre et le poids de la monnaie que nous recevons. Il faut que nous nous trouvions appauvris ou ruinés, pour nous apercevoir que la pièce n'était pas de bon aloi. Ainsi en est-il aujourd'hui du spiritualiste froid et aride, dont on a endoctriné la génération d'hommes, devenue la partie vive de la nation.

Ce spiritualisme s'en est allé fondre à tire d'ailes sur les doctrines du dix-huitième siècle; et, fantôme de vie, il s'est mis à combattre la mort. Reniant le feu divin du sentiment, et à demi glacé lui-même, il a tracé l'épitaphe du néant sur le tombeau du matérialisme. Il a dit à celui-ci : « Tu dors dans la poussière! » et à l'amour : « Tu y retourneras! » Il parlait ainsi, lui qui, pour mériter le beau nom de spiritualisme, aurait dû, en attribuant à l'ame le don de voir la vérité, lui reconnaître le pouvoir de la goûter; car l'ame peut-elle voir la vérité sans l'aimer? elle se l'incorpore en l'adorant : c'est sa manière de s'en nourrir; et le soleil du monde moral ne peut différer de l'astre d'ici-bas, qui est à la fois lumière et flamme.

Cette domination de la raison nous a conduits à prendre les passions en dédain. On a vu paraître l'orgueil de l'esprit et la sécheresse du cœur; on a flétri des noms de *sensualisme égoïste* et de *niaise sentimentalité* le principe des plus nobles mouvemens de l'ame, le foyer des grandes et généreuses passions, la source des élans de cet enthousiasme qui pousse au sacrifice, fait aimer la souffrance et la mort, et entraîne l'homme vers une perfection qu'il adore sans la connaître. On a cessé ainsi d'étudier les passions que l'on méprisait : enseignement, éducation, littérature, théâtre, mœurs publiques, tout a subi chez nous l'influence d'une doctrine inventée par un froid métaphysicien qui, ne trouvant pas sans doute l'amour dans son cœur, l'avait déclaré étranger à celui de tous les hommes et l'avait exilé de la philosophie et du ciel. Partout l'esprit ne s'est plus adressé qu'à l'esprit; et par esprit, j'entends aussi bien l'imagination que la raison. L'imagination est froide; elle devine quelquefois le cœur, mais elle ne le remplace pas; cette dernière faculté a paru inspirer la plupart des productions de la littérature contemporaine. Cependant, quand les poésies de M. de Lamartine se sont révélées, la société tout entière, émue à des accens faits pour remuer des cœurs qui s'oubliaient sans s'éteindre, a protesté en faveur des plus divines facultés de l'homme.

Le système que nous combattons pourrait avoir de funestes effets pour la politique même, en détournant les hommes d'État de l'étude attentive des passions, en les amenant à dédaigner les feux terribles qui sont recélés dans les ames, en leur faisant considérer, comme un soin placé au dessous des méditations de leur intelligence, l'emploi et la direction à donner à ces passions déposées dans le sein des masses; et en les entraînant à blesser, sans le vouloir, ce sentiment mobile et orageux qui est le principe de vie des peuples, comme des individus, et qui, refoulé ou méconnu, finit par se faire jour ou vengeance, avec des éclats qui compromettent la paix des empires.

C'est par la communauté des passions que se forme la sympathie entre les hommes; c'est en aimant les mêmes choses, qu'ils sont conduits à s'aimer, à se comprendre, ou à se subordonner pacifiquement les uns aux autres. Les esprits se repoussent, mais les cœurs se cèdent. Un gouvernement doit participer aux sentimens du peuple, pour s'en emparer et en être le guide habile et l'économe prudent. Napoléon pratiquait avec une admirable grandeur cette maxime d'État. Il s'était fait ministre et l'exécuteur des passions nationales; on jouissait de ses combats, de ses victoires, de ses conquêtes, parce que l'instinct populaire allait de concert avec son génie; sa gloire était le patrimoine commun; le butin des batailles grossissait le trésor de l'État; il dut sa merveilleuse domination bien moins à son vaste esprit qu'à son ame brûlante; il aima, en un mot, et avec une ardeur incommensurable, quoi? l'action et la gloire : aussi les passions du peuple viennent-elles encore jeter des couronnes devant son image qu'elles ne peuvent consentir à regarder comme glacée; et ce n'est pas de sa haute raison, mais de son grand cœur, que l'on a fait un dieu.

Nous sommes loin de conseiller la guerre comme un moyen de gouvernement; mais il faut occuper l'ardeur d'un peuple, et ouvrir à ses espérances des perspectives toujours variées et toujours lointaines.

Ainsi la régénération de la société s'obtiendra, non par l'anéantissement des passions qui sont indestructibles, mais en les alimentant, au contraire, de manière à ce qu'au lieu de se cacher, elles se montrent ; au lieu de nuire, elles servent; au lieu de résister, elles coopèrent; au lieu de descendre, elles s'élèvent. C'est sur le cœur qu'il faut agir ; il importe de le toucher, de l'exalter, de lui rendre la vie, d'éveiller ses flammes pour un but légitime. Égaré, il bouleverse la société ; satisfait et bien réglé, il brûle pour un bonheur qui fait partie de la prospérité commune.

Il serait dur de voir des législateurs mettre en oubli la haute destination de l'homme qui a été créé pour une activité sans bornes, parce que sa fin dernière est un objet infini. Un philosophe ancien a défini l'ame une nature sans repos : un peuple n'est donc qu'un ensemble de natures sans repos, c'est-à-dire que leur repos est dans l'action même, et que la tranquillité de l'État ne peut être due qu'à des lois qui ont le secret d'employer et de fatiguer sans relâche ces forces incessamment agissantes.

Ce qu'on appelle une révolution dans un État est aux yeux d'un philosophe un déploiement unanime de passions long-temps privées d'exercice et d'objet :

le réveil du peuple atteste, dans le gouvernement qui tombe, plus d'ignorance de ce qu'est l'homme que de tyrannie; car un tyran peut fournir, dans la crainte qu'il inspire, un aliment à l'inquiétude de ses sujets.

Socrate ne recommande pas en vain aux hommes d'État l'étude des passions humaines; mais on n'apprend à les bien connaître qu'en soi-même; et quelles passions trouvera à observer dans son ame le politique doué d'un tempérament tranquille et d'une raison froide? Concluons que, pour bien régner, il faut être capable de sentir les passions et de les réprimer.

Il y a, indépendamment de la guerre, trois alimens à donner à l'activité d'un peuple, pour le contenir dans l'ordre et pour procurer aux hommes le bonheur qui convient à leur nature.

Ces objets sont la liberté, le commerce, la religion. Un gouvernement habile et jaloux de durer les procure ou les conserve tous trois à ses sujets.

La liberté politique, que je suppose accompagnée de l'égalité, ouvre indistinctement à tous les citoyens la route des emplois et des honneurs : de là une ambition naturelle d'atteindre un bien qui est le prix de la volonté persévérante et du mérite incontestable : chacun cherche à conquérir le poste placé au-dessus de celui qu'il occupe, ou à défendre contre ses inférieurs la place qu'il a obtenue. Cette émulation perpétuelle entretient dans les cœurs les sentimens de l'espérance et de la crainte, qui sont les deux grands ressorts de l'activité humaine.

Le commerce n'existe point sans industrie, et l'industrie, sans travail. Le travail aiguillonné par la jouissance de la propriété et l'espoir fondé du bénéfice occupe toutes les classes de la société, depuis le commerçant, dont les vaisseaux font voile vers les diverses régions du globe, jusqu'au simple artisan qui doit à la force de ses bras le pain de sa journée. En outre, le commerce a des alternatives de gain et de perte qui tiennent en haleine les imaginations; l'attente des décisions capricieuses de la fortune préoccupe les pensées; le sort de demain est inconnu, et il n'y a pas plus de bornes à la chance de la ruine qu'à celle de l'agrandissement. Le commerce et l'industrie s'offrent donc comme des véhicules de ce mouvement qui fait le repos de l'État.

La religion enseigne la privation, et le domaine de la privation est sans bornes. Se résigner c'est employer, à se passer d'un bien, plus de facultés et plus d'énergie que n'eût demandé l'acquisition et la jouissance de ce bien même. Tous les membres de la société ne peuvent pas profiter des avantages de la constitution; tous ne sauraient se livrer au commerce, mais il n'en est aucun qui ne soit en état de goûter les biens que promet la religion. L'homme qui travaille à se rendre digne d'un héritage immortel tourne contre lui-même les forces dont il aurait abusé peut-être contre ses semblables. La guerre qu'il eût déclarée à la société, il la livre aux passions que la foi lui ordonne de combattre; il est actif envers lui-même, et paisible vis-à-vis des autres. La religion seule peut réconcilier les pauvres avec les rigueurs de la fortune et leur faire souffrir sans impatience le spectacle de l'apparente félicité du riche. Otez la croyance dans une vie future, et le respect de la propriété s'efface; l'envie du bien d'autrui s'allume; la loi est impuissante à enseigner que celui qui possède possède avec justice, parce qu'il est né à une heure favorable; on mesure l'espace de la vie comme le temps accordé pour jouir, et la résignation paraît une duperie qui ferait rentrer nus dans le sein de la terre ceux que leur mère a été forcée de laisser nus, après les avoir mis au monde. On ne craint plus la vengeance des lois : on se dit que la mort, leur dernier châtiment, ne pourrait punir le misérable qu'en mettant un terme à sa misère, et la société retombe dans cet état de barbarie où l'ambition n'a de barrières que dans les ambitions rivales ; où la force règne toute seule, et où le droit de l'un n'est plus protégé par la conscience de l'autre.

Laissez la religion se retirer d'une société, et un trouble indéfinissable s'empare des cœurs. Chacun, tourmenté d'une ardeur déréglée, s'empresse dès l'aurore à creuser la terre comme pour y trouver un trésor, et le soir on les voit tous verser des pleurs auprès du vide qu'ils ont creusé, et où ils n'ont trouvé qu'un sable stérile, la pierre du rocher ou la source bourbeuse. L'espérance sans cesse trompée fuit, comme l'ombre qui décline toujours; l'espace illimité qu'on cherche, on s'imaginait l'avoir devant soi, mais ce n'était qu'une vaine illusion produite par la vapeur qui voilait l'horizon et en cachait les bornes; la brume se dissipe, les objets se rapprochent, l'horizon se rapetisse, et l'immensité s'évanouit.

Je ne sais quel poignant besoin d'affections tourmente les ames ardentes qui se cherchent, se demandent mutuellement le bonheur, et se fuient bientôt, dégoûtées des imperfections qu'elles se reprochent, emportées par le souffle de leur propre inconstance, et attirées par l'appât du changement à la misère d'un vide et d'une solitude éternelles. Les liens les plus sacrés sont dédaignés, profanés ou rompus dans le désordre et la confusion qui suivent ce tourbillon de passions et de caprices. Les cœurs faibles et sensibles tombent dans le déshonneur, comptent une heure de plaisir, et traînent dans le repentir les restes de leurs belles années. D'autres, plus purs et non moins tendres, se réfugient dans un rêve et cherchent silencieusement dans les fictions des poètes un fantôme de l'objet qui leur manque. Le plus grand nombre des esprits désœuvrés demandent à une littérature dépravée des remèdes assortis à leurs misères. Égarés par un besoin perverti du merveilleux, ils se délectent dans le bizarre, le gigantesque et l'horrible. Il n'y a plus que le doute qui, par sa grandeur confuse, remplisse le cœur et y produise un certain sentiment de l'infini. Les systèmes religieux, philosophiques, moraux, scientifiques, s'amoncèlent, se combattent, s'évanouissent et renaissent tour à tour. Le désert change de forme à chaque instant, selon que le vent souffle, et il offre l'aspect fantastique des mers et des montagnes. Le découragement du scepticisme gagne les cœurs les plus élevés; il y a dans les flancs du meilleur navire une fente par laquelle il fait eau. Les hommes se connaissent trop pour s'estimer encore; et on cherche en vain ces beaux et nobles caractères qui commandent le respect, se défendent tout seuls contre la calomnie, demeurent en présence des hommes comme des témoignages vivans de la vérité et de la justice, et honorent et fortifient bien plutôt les charges dont ils sont revêtus qu'ils n'en reçoivent eux-mêmes d'éclat et d'autorité.

Voilà le triste et désolant spectacle d'une société que la foi a quittée; voilà le tableau de la maladie dont nous sommes attaqués, et dont le gouvernement doit, sous peine de périr lui-même, travailler sans relâche à nous soulager!

Nous serons à demi guéris lorsque nous connaîtrons notre mal. Quiconque saura peindre le spectacle de tant de cœurs vides de religion, rendra celle-ci plus présente; il chassera les fausses espérances qui voltigent autour de notre société mourante; fera couler sous nos yeux le flot de nos larmes qui emporteront nos dernières illusions, et ne laissera aux cœurs épouvantés d'autre autel à embrasser que celui de la vérité.

Telle est la pensée d'utilité morale qui a dicté ce livre. Sous des formes littéraires, il tend à un but éminemment philosophique. S'il est rempli de peintures passionnées, doit-on s'en étonner? Cœurs malades, je m'adresse à vous, et j'emprunte la langue qui vous engagera à m'écouter! J'ai dit que le grand mal de notre siècle était dans le peu de soin que nos législateurs et nos maîtres de sagesse ont pris de ménager, d'employer, de conduire les passions. Je ne crains donc pas d'exposer les effets de ces flammes laissées à elles-mêmes dans les ames, de peindre les malheurs solitaires qu'elles engendrent, de tracer le dérèglement des mœurs qui suit leur action désordonnée dans les rapports de la vie, et d'indiquer au torrent le lit plus vaste et plus pur où il pourrait couler.

N'espérons pas trouver un chemin dans les cœurs si ce n'est par la sympathie. Un froid pédant ne ramènera jamais par ses conseils une ame brûlante qui s'est égarée; mais celle-ci deviendra attentive aux accens d'un ami qui ne sera rien que brûler, s'attendrir et pleurer avec elle, se bornera à lui offrir une fidèle image de ses feux et de ses malheurs, et ne lui montrera la lumière du port que dans le lointain et de dessus la barque battue des flots, où il se sera assis près du malheureux naufragé.

C'est à la religion d'allumer alors son phare lumineux, et de couvrir de sa voix divine les bruits de la tempête; c'est à elle de marcher sur les flots soulevés, et de tendre une main secourable à l'infortuné qui périssait.

Ministres de cette foi qui est l'arche de salut de l'univers, venez donc au milieu des malades, sortez des temples : la société crie vers son Dieu. Cette société, possédée de la fièvre mortelle que guérit le Dieu vivant, a besoin que l'ombre des apôtres passe sur elle. Annoncez-lui la résurrection; et surtout adressez-vous aux cœurs, d'où sort la vie, et par où elle rentre. Ah! il sera facile à vos lèvres bénies de dire aux passions de l'ame : « Vous êtes toutes célestes dans votre origine; nous ne venons pas vous éteindre, mais rendre votre flamme immortelle; » et au bonheur : « Tu t'égares sur la terre, le Christ est l'ensemble de tous les biens rêvés par l'homme! »

Vous montrerez que le chrétien doit à sa croyance d'accomplir toutes les fins de son être, et de trouver le mot de la vie, qui est l'accord de la vertu et du bonheur. Alors, comme il y a deux vérités, l'une, qui est le but à atteindre, l'autre, la manière de l'atteindre, si vous avez prouvé que le christianisme est seul *la voie*, vous aurez, je ne dis pas démontré à la raison, mais fait sentir au cœur, qu'il est la vie!

L'Isolement.

L'ISOLEMENT.

Vers le mois de septembre 1825, une de mes tantes qui habitait, dans le fond du Languedoc, un manoir, vénérable débris des temps féodaux, m'écrivit pour me charger du soin de recevoir la part qui lui revenait dans l'indemnité accordée aux émigrés. Un de nos parens communs, qui résidait à Paris, me mit en relation avec un chef de division du ministère des finances, membre de la commission instituée pour la répartition du milliard. Ce dernier que j'appellerai, si l'on veut, le baron de Préval, me reçut d'abord avec un visage si froid et une bouche si peu prodigue de paroles, que je regrettai, en le quittant, les heures perdues à chercher cette entrevue. Mon parent, à qui je me plaignis de son accueil glacé, s'empressa de me rassurer :

— Il est un peu misanthrope, me dit-il; mais il n'en est pas moins disposé à obliger les autres, pourvu que ce soit de loin et en silence.

Mon parent disait vrai : je m'aperçus bientôt des heureux effets de ma démarche. En quelques lignes d'un laconisme étonnant, M. de Préval m'instruisit des formalités que j'avais à remplir, me traça la meilleure marche à suivre pour économiser mon temps et mes pas, et me promit d'accélérer, près de la commission dont il était membre, l'examen de mes pièces.

J'eus besoin de le revoir plusieurs fois, afin d'être à portée de tenir ma respectable tante au courant des progrès de l'affaire. Il me reçut toujours avec la même facilité, mais avec un front aussi sérieux et des lèvres non moins réservées que la première fois. S'il lui arrivait par hasard de dire un mot de plus que de coutume, il rougissait, comme s'il eût fait quelque chose de mal. Cette pudeur de l'esprit est si rare dans notre sexe, qu'elle me causait une surprise agréable : un homme discret, modeste et timide, est un vrai phénomène de nos jours. Toutes les conversations sont, en général, des luttes sourdes où votre amour-propre est forcé de se mettre en garde contre le dédain ou les prétentions d'autrui. Je sentais auprès de M. de Préval que son silence ne venait ni de la stérilité de l'esprit, ni de la sécheresse du cœur, mais qu'il voulait cacher de lui-même tout ce qu'il pouvait en dérober, et j'étais singulièrement intéressé par cette fuite mystérieuse d'un mérite qu'on soupçonnait à cause de cette absence même de vanité.

L'efficacité de ses bons offices ayant amené l'affaire à une conclusion aussi prompte que ma tante devait raisonnablement l'espérer, j'allai le remercier; notre entretien, cette fois se borna de sa part à une inclination de tête modeste, accompagnée d'un demi-sourire, et de ces six mots : « Cela n'en vaut pas la peine. »

Une année s'écoula sans m'avoir fourni l'occasion de le rencontrer. Mon parent, à qui je demandais quelquefois de ses nouvelles, ne manquait jamais de me répondre : — Il va bien, mais je vous ai dit qu'il était d'une humeur sauvage ; et je ne le vois guère, depuis qu'il a pris le parti de vivre en ermite dans quelque village situé aux environs de Paris, sans avoir voulu donner son adresse à personne.

Un jour de printemps, je montai dans une voiture publique pour me rendre à Meudon où j'avais loué un pied-à-terre; et la première personne que j'aperçus fut le baron de Préval. Je le saluai ; il me rendit ma politesse, puis il tira un livre de sa poche, et parut m'oublier entièrement pour sa lecture qu'il poursuivit malgré les cahots de la voiture et les conversations mêlées de rires de ses voisins.

Il faut, dans une voiture publique, penser, dormir, parler, lire ou observer. Je pris ce dernier parti. Il n'y avait d'ailleurs que M. Préval qui méritât que je fisse cet emploi de l'heure que nous devions passer sur la route.

Je commençai par examiner sa toilette. Elle était d'une exquise propreté, et ne manquait pas de goût ni d'élégance.

La grande attention qu'il donnait à sa lecture me

permit de continuer mon examen sans indiscrétion.

Ses cheveux noirs et courts grisonnaient un peu; la maigreur de son visage lui donnait un profil sévère; son teint était fort brun, ses traits réguliers, sa bouche admirable; sa lèvre supérieure débordait sur l'autre avec cette majesté particulière aux visages sérieux. Ses yeux noirs avaient cette expression vague et fugitive qui annonce la timidité et qui la communique, parce que les autres n'y rencontrant aucun sentiment déterminé doutent si la sympathie est possible et se déconcertent. Du reste, je ne sais quel goût austère de solitude et quelle tristesse de cœur s'accusaient dans les lignes raides et impassibles de son visage. Je devinai que, si le torrent coulait sous la glace, il fallait, pour trouver l'eau vive, percer l'écorce à une grande profondeur.

J'eus la curiosité de savoir quel était l'ouvrage qu'il lisait. Il tenait un petit volume relié en maroquin rouge et doré sur tranche. Les caractères du livre étant très-fins, j'eus beaucoup de peine à en apercevoir, par un regard furtif, le titre courant; enfin je me penchai de son côté, comme pour mieux voir la campagne par la portière qui lui faisait face, et je lus par dessus son épaule ces mots écrits en haut d'une page : *Child-Harold*. Je demeurai tout surpris : Byron entre ses mains! Tout ce qu'il y avait d'ardeur, de sensibilité, de tendresse, de génie, de fièvre d'imagination, dans le poète anglais, se représenta aussitôt à mon esprit; et cet homme que je jugeais si froid, si étranger aux mouvemens désordonnés du cœur, si peu accessible à l'émotion, conversait secrètement avec l'esprit des orages! J'aurais, en fouillant dans la neige, trouvé des charbons ardens, que je n'aurais pas été plus confondu, et, tandis qu'il causait avec cette grande ombre, sa figure demeurait inaltérable; je ne voyais pas un pli sur sa joue, un éclair dans ses yeux; son plaisir, s'il en avait, demeurait enseveli dans son ame, bien loin de moi, à une profondeur mystérieuse, que lui seul il pouvait mesurer. Pour moi, je voyais qu'il lisait, et avec grande attention : voilà tout.

Nous étions arrivés à notre destination. On descendit de voiture. Il s'en alla d'un pas rapide et léger, à travers une prairie, tenant son corps droit, sa tête levée, et son chapeau à la main, comme pour mieux laisser arriver sur son front la fraîcheur de la brise qui, dans cette belle matinée de printemps, courbait les fleurs naissantes au bord du sentier qu'il suivait. Je pris, de mon côté, le chemin de mon logement, un peu préoccupé des observations que j'avais faites sur son compte.

—Connaissez-vous dans ce pays un M. de Préval? demandai-je à mon hôtesse.

— Ah! vous voulez dire, sans doute, ce monsieur qui vit tout seul, dans le petit pavillon, à l'entrée du bois. Nous ne le connaissons que par le bien qu'on en dit; il est très-humain, et les pauvres du village savent bien trouver sa porte; il va le matin à Paris pour ses affaires, et s'en revient le soir; il a passé tout l'hiver dernier ici : cependant il n'y fait pas chaud, surtout au mois de janvier.

Obligé d'aller moi-même très-souvent à Paris, je me trouvai bientôt, deux ou trois fois la semaine, le compagnon de voyage de M. de Préval. Peu à peu, l'habitude de me voir, et ma qualité de son voisin à la campagne le rendirent plus communicatif: j'obtenais deux ou trois phrases chaque fois que nous faisions route ensemble; c'étaient presque toujours des maximes générales, des observations énoncées naïvement, mais douées d'une grande portée. Les personnes qui réfléchissent beaucoup ressemblent, sous ce rapport, aux Arabes, peuple ami des proverbes; si elles parlent, c'est pour résumer un grand nombre de comparaisons; et elles vous dédommagent du moins de leur silence, en vous fournissant de quoi dire vous-même toutes les paroles qu'elles ont supprimées.

Une après-midi, à notre retour de Meudon, il pleuvait à grands flots. M. de Préval n'avait pas de parapluie : je lui offris de s'abriter sous le mien, et de venir attendre chez moi que l'averse passât. Force lui fut d'accepter ma proposition; mais la rougeur lui en était montée au visage. Je l'amenai ainsi, en ayant son bras passé dans le mien, jusqu'au seuil de la maison que j'occupais; là, il voulut encore me quitter, assurant qu'il ne tombait que quelques gouttes, au moment où les nuages versaient des torrens; et ce ne fut qu'avec grand' peine que j'entraînai mon misanthrope dans mon appartement. Je le conjurai de me faire l'honneur de dîner avec moi; je lui représentai que nous serions absolument seuls; que le mauvais temps nous garantirait de toute visite; qu'il pourrait se retirer aussitôt après. Il demeura inflexible, et ne voulut recevoir de moi qu'un parapluie.

Toutefois, nous avions l'espace d'un été devant nous; à force de nous voir et d'échanger des politesses, nos relations devinrent plus fréquentes; il aimait les fleurs; je m'occupais aussi d'horticulture; nous fîmes des échanges; il finit par m'inviter à aller chez lui, et me montra sa riche bibliothèque; j'étalai sous ses yeux ma belle collection de médailles; nous donnâmes ensemble des secours à un pauvre voiturier du village, qui avait eu la jambe cassée. J'adorais la campagne; il y demeurait toute l'année; nous n'étions pas indifférens à la douceur des arts; nous lisions avec un égal intérêt les nouvelles productions des littératures anglaise et allemande; enfin, nous regardions à peu près du même œil les affaires politiques: tant de points de rapprochement amenèrent un commerce plus intime entre nous, et je fus victorieux de son éloignement apparent pour toute société humaine.

Lorsqu'une fois M. de Préval eut commencé à sortir avec moi de sa réserve habituelle, un autre homme se dégagea peu à peu des voiles qui le cachaient. La contrainte fit place de temps en temps à l'abandon, l'insensibilité à l'émotion, le silence à un flux de paroles qui allait jusqu'à la volubilité. Il est vrai que, chaque fois qu'il s'était livré, il en était au repentir; qu'il m'en voulait de lui avoir fait goûter un moment de plaisir, et me boudait pendant quelque temps, pour me punir d'avoir été instruit par lui-même des choses secrètes de son cœur. Mais l'homme est fait pour l'amitié; Dieu lui a donné le besoin de se communiquer et le désir d'être plaint; et si les ames tendres qui sembleraient les plus propres à la sociabilité sont celles qui recherchent le plus souvent la solitude, c'est que, déçues dans leur espoir d'être comprises, elles dédaignent de s'ouvrir et d'aimer à demi. Il y avait long-temps que M. de Préval n'avait trouvé un ami; j'eus le bonheur de devenir le sien; et alors il se reconnut lui-même tout entier.

Nous prîmes l'agréable habitude de nous promener, de grand matin, dans les bois qui couronnent les hauteurs de Meudon. C'était à cette heure où tout est solitude, fraicheur, calme et silence, que mon compagnon devenait plus expansif. Un matin nous nous enfonçâmes plus avant que de coutume dans l'épaisseur de la forêt : nous trouvâmes un chemin creux et sombre dont l'aspect sauvage nous plut singulièrement. Les arbres, croisés en voûte au-dessus de nos têtes, formaient, par leur entrelacement prolongé dans le lointain, de véritables arceaux de feuillage, pareils à ces bas-côtés d'églises gothiques qui semblent se rétrécir à leur extrémité, où se joue un rayon de lumière. De chaque côté de la ravine qui, formée de deux pentes opposées l'une à l'autre, offrait la figure d'un compas ouvert et renversé, s'élevaient confusément et à perte de vue des arbres de toute dimension, sous lesquels se glissait à travers leurs feuilles un jour d'une incomparable douceur; jour mille fois plus agréable et plus mystérieux que les molles clartés de la lune, les blancheurs vaporeuses de l'aube ou les lueurs fugitives du crépuscule du soir; jour ondoyant, suave et limpide, qui ne peut être décrit par aucune image, et qui aurait pu aider Fénelon à imaginer cette incorruptible lumière qui éclairait, enveloppait et nourrissait les ames des justes dans les Champs-Élysées. Nous nous assîmes sur une pierre revêtue de mousse, au pied d'un gros chêne, dans un carrefour qui dominait ce merveilleux sentier, et où aboutissaient quatre superbes allées.

M. de Préval écoutait avec une sorte d'extase le vent du matin tirer de chaque feuille frémissante un murmure semblable à celui qu'elle rend lorsqu'elle reçoit l'eau de la pluie qui tombe doucement sur la cime des arbres, et découle jusqu'à leurs racines. Il se levait, faisait quelques pas, plongeait ses yeux dans l'enfoncement des allées solitaires, se rasseyait, poussait quelques exclamations de plaisir, et paraissait agité de ce trouble délicieux qui accompagne ces courts momens d'oubli de nous-mêmes, de fuite dans le sein de la nature, d'allégement de l'ennui des affaires et du poids de la vie, lorsque l'ame est disposée à tout dire, parce qu'elle jouit de tout ce qu'elle sent, et que c'est, pour elle, achever de se délivrer de ses peines que de les confier. Mon ami ressemblait à ces malheureux dont l'Évangile nous raconte la guérison, et qui, en présence de la Divinité, laissaient parler sur leurs lèvres le démon fugitif qui les avait rendus muets si long-temps. Sans que je lui eusse fait une seule question, il commença à m'expliquer les causes qui l'éloignaient du monde, comme si nous fussions venus là exprès pour avoir cet entretien, et qu'il eût pris l'engagement avec moi de m'ouvrir, ce jour-là, tout son cœur.

— J'ai toujours aimé la campagne, me dit-il; j'y suis né. Mon père était un pauvre cultivateur de la Brie. Nous étions deux enfans, moi et une sœur beaucoup plus jeune. Imaginez-vous qu'à quatorze ans, je ne savais ni lire ni écrire. A cet âge, je fus mis dans une école de mon village, où j'appris très-vite le peu qu'on y enseignait; j'avais atteint dix-sept ans, lorsque mon père me mit dans la main une pièce de vingt francs et une lettre adressée à un négociant de Paris, en me disant : — Pars, mon fils, va chercher fortune: voici une recommandation pour un homme du grand monde, qui m'a promis de te protéger.

« J'arrivai à Paris ; je réussis à intéresser en ma faveur un autre personnage que le négociant auquel mon père m'avait recommandé. J'avais une belle écriture : mon nouveau protecteur, qui était banquier, me fit travailler chez lui. Au bout de deux ans, j'obtins un petit emploi au ministère des finances; et de cette place je me suis élevé à celle que j'occupe aujourd'hui, ainsi qu'au titre que le roi, en récompense de mes services, a daigné joindre à mon nom. J'ai beaucoup travaillé; j'ai refait seul et en secret toute mon éducation; mais je n'ai pu corriger la timidité que mon ignorance me fit éprouver long-temps au milieu du monde. Cette circonstance vous explique comment je me suis détaché de bonne heure de la société.

« Je jouissais déjà d'une honorable position, lorsque je perdis mon père qui était veuf depuis plusieurs années. J'appelai ma jeune sœur auprès de moi; elle entrait dans son dixième printemps : je me vouai tout entier au soin de cultiver son esprit et de préparer son bonheur. Je déversai sur sa tête chérie l'instruction que je venais d'acquérir : je lui tins lieu de père; elle fut pour moi toute une famille. A mesure que mon Émilie croissait en âge, en beauté et en vertus, je m'attachais à elle comme à mon ouvrage; je ne lui demandais que d'être heureuse pour me faire atteindre le but de ma vie. La fortune que j'amassais, en m'imposant le sacrifice de tous les plaisirs de mon âge, était réservée pour elle; ce sera sa dot, me disais-je; il n'y avait aucune des heures de mon travail qui ne fût embellie par ce rêve, qui ne fût excitée par cette avarice du cœur, qui s'écoulât sans avoir enrichi son avenir. Les sentimens qu'elle m'inspirait se composaient de la sainteté des tendresses d'un père, de la douceur de l'intimité fraternelle, de la pureté du dévouement de l'amitié. J'épiais les progrès de mes soins, comme on regarde le matin les gouttes de rosées suspendues au calice d'une fleur dont le parfum naissant et les premiers épanouissemens ne sont encore révélés qu'à vous seul. Je me délassais le soir de mes occupations arides en lui faisant lire nos meilleurs poètes, en examinant ses études de la journée, en écoutant la timide harmonie que ses premiers essais faisaient sortir de sa harpe.

« Je passai ainsi, sans les compter, neuf paisibles années ; et le cours m'en avait paru si rapide, qu'il me semblait qu'un jour, en me réveillant, j'avais vu ma sœur tout à coup sortie de l'enfance et arrivée à l'âge qui me faisait un devoir, à moi qui lui tenais lieu de père, de pourvoir à sa destinée.

« Dans la triste prévoyance de ce moment où mes yeux la chercheraient auprès de moi et ne la trouveraient plus, j'avais chargé du soin de faire son portrait un jeune peintre, nommé Évariste, dont on m'avait beaucoup vanté le talent et l'honnêteté. Quand son travail fut terminé, je le congédiai et ne pensai plus qu'à l'image de ma chère Émilie, qu'avait tracée son pinceau avec une parfaite ressemblance, et que je suspendis dans ma chambre. Jugez de mon étonnement, lorsqu'un mois après, je reçus une lettre de cet Évariste qui m'avouait qu'il aimait éperduement ma sœur, ajoutait qu'il se flattait d'être payé de retour, et finissait par une demande en mariage.

« Je froissai cette lettre dans mes mains avec un vif mécontentement. J'avoue que mon amour-propre était blessé de cette démarche inattendue, non pas que je fusse assez insensé, moi, sorti d'une basse condition, pour voir d'un œil méprisant la profession d'Évariste, mais parce que, ayant placé toutes mes complaisances dans la culture de l'éducation d'Émilie, et ayant pris soin de lui former une dot qui commençait à la rendre un parti très-sortable, il me semblait qu'Évariste montrait beaucoup de témérité en aspirant à la main de ma sœur. Cependant le mieux était de commencer par recueillir des renseignemens sur le jeune homme : ce que je fis le jour même. J'appris bientôt qu'insouciant et prodigue comme un artiste, il vivait chaque jour en ne se réservant pour le lendemain que l'espérance; qu'il avait dissipé assez vite, dans une excursion en Italie, le petit patrimoine que lui avait laissé son père, et qu'il ne lui restait que des dettes et son pinceau.

« Décidé, toutefois, à sonder les dispositions d'Émilie, je lui fis part de la demande du jeune peintre. Une vive rougeur se répandit sur son charmant visage, et, avec le langage de l'innocence et de la naïveté, elle me répondit qu'en effet M. Évariste était venu quelquefois la voir en mon absence; mais qu'elle n'aurait jamais d'autre inclination que celle qui serait approuvée par ma sagesse.

« Je lui représentai les raisons qui m'auraient fait désirer pour elle un tout autre époux qu'un artiste dont les affaires étaient dérangées; mais j'ajoutai qu'il n'y avait rien qui ne dût céder à son bonheur, tel qu'il pourrait résulter de ses affections, et je la conjurai de m'éclairer sur ses vrais sentimens pour l'homme qui se flattait d'avoir obtenu une place dans son cœur.

« Elle mit la main sur ce cœur si pur, et me dit, en baissant les yeux, avec une candeur angélique: « Je ne crois pas l'aimer. »

« Si j'avais eu plus d'expérience dans les mystères de la passion, j'aurais tiré de cette réponse toute la lumière que je cherchais; mais je pensais alors qu'elle pouvait connaître elle-même ses propres sentimens; et je m'en tins à cette trompeuse épreuve.

« J'écartai donc le prétendant, et nous continuâmes à vivre comme par le passé. Cependant Émilie devenait rêveuse; je la surprenais dans l'attitude d'une personne qui médite profondément : elle me souriait toujours, mais ses yeux n'étaient plus d'accord avec ses lèvres; la conversation languissait entre nous; et, quand elle répondait à mes paroles, ce n'était plus, comme autrefois, pour achever ma pensée. Je m'imaginai qu'elle commençait à se lasser de la vie monotone qu'elle menait près de moi; et, dévorant le profond chagrin que cette conjecture me causait, je ne m'occupai plus que de lui trouver un compagnon digne d'elle. Je crus l'avoir trouvé dans un jeune conseiller d'État qui, touché des graces de mon Émilie, m'avait fait porter ses vœux par un ami commun; mais, lorsque j'informai ma sœur de cette nouvelle demande, elle se jeta dans mes bras : —Ne me parlez pas de mariage, mon frère, je vous en supplie. Mon bonheur est de couler mes jours auprès de vous; je ne demande rien de plus à la destinée.

« A cette touchante expression de sa tendresse, je ne pus réprimer un mouvement de joie. Elle s'en aperçut ; et une expression indéfinissable passa comme l'éclair dans ses yeux. »

M. de Préval en était là de son récit, lorsque nous entendîmes l'horloge du village ébranler les airs : elle sonnait l'heure de notre séparation ; et M. de Préval, plein des devoirs qui le rappelaient à la ville, me reprocha affectueusement de les lui avoir fait oublier. Nous revînmes ensemble jusqu'au village, et nous nous séparâmes, avec promesse mutuelle de nous revoir le lendemain.

Mais j'ai dit qu'il avait l'habitude de se repentir de ses épanchemens, et de me les faire expier; il se passa un mois avant que je pusse le revoir. D'abord, je ne le trouvai plus dans la voiture qui me ramenait habituellement à Meudon; probablement, dans la crainte de me rencontrer, il avait changé l'heure de son départ. Je me présentai chez lui, et une indisposition prétendue ne lui permit pas de me recevoir. Enfin, il s'abstint même de venir à la campagne, et j'ai tout lieu de croire qu'il se condamna à rester à Paris, parce qu'il lui semblait sans doute qu'il n'y avait plus de solitude pour lui à Meudon, depuis qu'il y avait dans ce village un homme qui connaissait quelques particularités intimes de sa vie. Cet accès de misanthropie s'adoucit avec le temps; car, un matin, nous nous trouvâmes face à face, au détour d'une allée qui donnait sur la lisière du même bois où nous avions eu notre dernier entretien.

Le visage du pauvre homme se couvrit de la même rougeur qui colorerait les joues d'une jeune fille, à l'aspect inattendu de l'homme qu'elle aurait rendu maître de sa destinée. J'aurais certainement évité de l'aborder, si le chemin eût été plus large; mais nous étions pris dans le même filet. Je lui tendis la main, il me la serra cordialement, et, au bout d'une demi-heure de marche, il avait repris sa sérénité et cédé à l'effet de l'amitié que je lui inspirais. Nos anciens rapports se renouèrent; j'eus la prudence de faire un pacte avec mes lèvres, pour qu'elles ne laissassent pas échapper un mot indiscret. Il me sut d'abord gré de mon silence; ensuite il s'étonna sans doute de mon peu de curiosité; sa confiance fut provoquée par mon indifférence même, et un jour il reprit tout naturellement, après un très-court préambule, son récit au point où il l'avait suspendu, comme on rouvre un livre à la page où on avait laissé le sinet.

« Vous avez deviné sans doute, me dit-il, la cause de la profonde mélancolie de ma pauvre sœur; oui, elle aimait ce jeune peintre, cet Évariste dont je vous ai parlé comme d'un homme qui avait sollicité sa main; mais elle s'était promis de dévouer sa vie à faire la douceur de la mienne. Cette fille admirable avait cru lire dans mes yeux le vide cruel que son départ laisserait dans mon cœur; et, ne voyant plus dans son propre bonheur qu'un acte d'ingratitude envers moi, elle se laissait brûler en silence, à mes côtés, d'une passion qu'elle me cachait. Sa santé fut-elle minée par les combats que lui suscita ce sublime sacrifice de son bonheur, ou la langueur naturelle de sa complexion l'eût-elle laissée succomber tôt ou tard à une maladie de poitrine : c'est ce que je n'ose décider; mais il est certain que, victime du sentiment exalté de la reconnaissance, c'est à cause de moi qu'elle est descendue plus vite au tombeau. »

Ici M. de Préval essuya ses yeux, et un souvenir douloureux animant un peu cette figure austère y répandit une expression particulière de sensibilité. Son ame, ordinairement si voilée, se rendait tout à coup visible; et dans ce moment il différait étrangement de lui-même, ou plutôt il se ressemblait davantage.

Il reprit bientôt son récit en ces mots :

« Je n'appris le fatal secret d'Émilie que la veille

de sa mort. Elle était assise dans notre jardin, par une belle matinée de printemps, à l'ombre d'un amandier en fleurs. Je conversais avec elle, écoutant avec un amer désespoir tous les projets auxquels se livrait son imagination allumée par la fièvre lente qui la dévorait. Le médecin m'avait compté le nombre de jours qu'elle pouvait encore passer sur la terre. Ce nombre touchait à son terme, et moi, pendant qu'un doux soleil de mai passait sur son visage embelli d'un vermillon trompeur, je prêtais l'oreille à sa voix dont le timbre sonore remuait toutes les fibres de mon ame; je regardais ses yeux agrandis, pleins d'un feu inaccoutumé, et j'avais peine à croire que l'approche de la mort se décélât par ces signes menteurs d'un redoublement de vie. Tout à coup il lui prit fantaisie de voir son portrait qui était l'ouvrage d'Évariste; je l'allai chercher dans ma chambre, et revins le placer dans ses mains. Une rougeur funèbre colora ses joues; mais, pendant qu'elle le considérait dans un morne silence, le hasard voulut qu'une dame qui connaissait Evariste vînt savoir des nouvelles de ma sœur. A la vue du portrait, qu'elle reconnut pour l'ouvrage de ce jeune peintre, elle dit à Émilie, tout simplement et sans doute faute d'avoir à dire autre chose : — L'artiste qui a fait votre portrait s'est marié hier.

« Ma sœur jeta un faible cri, et l'amour, passant comme un trait de lumière pour enflammer son regard mourant, m'apprit ce mystère que je pénétrai trop tard. Elle s'était évanouie, et le lendemain je me trouvai seul sur la terre. »

M. de Préval fit une longue pause, se leva, se mit à la fenêtre de la chambre où nous étions, pour se donner le temps de faire taire le trouble de son cœur, revint à moi, et, après m'avoir serré la main pour me remercier de l'émotion que son récit m'avait causée, continua en ces termes :

« Il me fallut au moins cinq ans pour me relever de l'abattement où m'avait jeté ce coup terrible. A cette époque, on voulut me marier. Quelques personnes, se disant émues de pitié au spectacle de mon isolement, se confièrent la délicate mission de négocier ma félicité ; mais ces alliances selon le monde me faisaient horreur. Il me semblait que ce n'était pas après s'être promis de ne jamais se quitter, que deux époux devaient apprendre à se connaître ; avant de jurer à une pauvre fille de la chérir toujours, je voulais commencer par l'aimer; je désirais que s'unir à moi ce fût pour elle venir me dire à l'autel : Garde ce cœur que je t'ai donné. Or, comment l'éprouver, si je ne devais voir en elle que sa mère qui lui ferait jouer un personnage ? comment l'aimer, si je ne l'apercevais que sous le masque, dépouillée des graces qui suivent l'abandon, parlant le langage de toutes les vertus, et décidée à être l'esprit, la sagesse et la bonté même? comment espérer, moi, de trouver le chemin de son cœur, lorqu'on lui aurait enseigné que son devoir était de m'accorder sa tendresse ou de m'y faire croire? et enfin, comment éprouverait-elle cet attachement qui naît du mystère et de la liberté, dès qu'elle saurait que mon notaire a déjà pesé son amour et ses charmes au poids de la fortune de son père? Non, un galant homme, qui a conçu du mariage ces idées tendres et saintes qui en font la consécration de l'estime, l'aveu public de l'amour, l'intervention du Ciel et de la loi dans les rapports du cœur, ne saurait mettre son honneur et sa destinée à la merci de semblables contrats; pour descendre à me marier sur la foi d'autrui, par des considérations d'intérêt, j'avais eu sous les yeux trop d'exemples funestes du malheur que s'étaient, en quelque sorte, juré au pied de l'autel ces époux déjà divorcés par le cœur avant de rassembler leurs fortune sous le même nom.

« D'un autre côté, en épousant une fille pauvre, comment être assuré d'être aimé pour soi, et non pour le sort qu'on lui donne? J'avais là-dessus une défiance inexprimable. Puis, je ne pouvais mettre le pied dans aucune maison, sans que ces idées de mariage, déjà assises sur le seuil, à côté de la famille qui m'y recevait, ne m'ôtassent toute chance d'étudier une ame qui ne serait pas sur ses gardes, et d'inspirer un attachement désintéressé.

« Il résulta de ces sentimens, qui faisaient le procès aux mœurs et à la raison du siècle, que je continuai à vivre dans la solitude; mais je vous avouerai que j'en supportais l'ennui d'un cœur moins résigné depuis que des images de changement avaient passé devant mes yeux. J'avais rêvé nécessairement une destinée telle qu'il aurait fallu que les circonstances me l'offrissent pour me donner le bonheur; et je rentrais dans ma vie solitaire avec le cœur tout troublé par ces idées plus précises, et du sort qui aurait pu me rendre heureux pour toujours, et des obstacles qui semblaient m'empêcher de l'être jamais.

« Une fois, je crus avoir rencontré la femme que j'avais aimée sans la connaître; c'était la fille d'un négociant américain : grace, pudeur, aimable sourire, chaste réserve, goût de l'étude et de la retraite, elle avait tous ces charmes du cœur qui ne redoutent pas les ravages des années, et qui l'embellissaient d'une ressemblance singulière avec mon Émilie : son père agréait ma recherche; il eût même été flatté de me nommer son fils ; je commençais à oublier les heures lorsque j'étais auprès d'elle ; je formais le vœu de lui plaire..... Mais, comptant sur ma générosité, elle m'avoua que son cœur ne lui appartenait plus, et que j'avais été devancé. Je laissai le champ libre à mon rival, et je revins sceller pour le reste de ma vie avec la solitude l'union de mon ame saignant d'une blessure que ne devait jamais cicatriser l'espérance.

« C'est un bien triste moment que celui où on s'aperçoit que le cours de la vie ne se remonte pas, et que vos désirs superflus, emportés par le temps qui s'enfuit, ressemblent à la flèche qui ne revient jamais vers la main qui l'a lancée. Alors on ne se traîne plus que par un chemin connu d'avance, où le bras de cet impitoyable dieu vous pousse sans cesse, et où chaque pas en avant vous éloigne des biens dont on n'a pas joui.

« Le soin de me vouer tout entier à l'éducation de ma pauvre Émilie avait commencé par dérober une part de ma vie à la pensée de tout autre bonheur; puis, tous les soupirs de mon cœur n'avaient connu, durant plusieurs années, d'autre route que celle de son tombeau; ensuite, à l'âge qui m'était donné pour fixer mon destin, le sort m'avait ravi la seule occasion que j'eusse trouvée de l'établir selon mes goûts. Aujourd'hui, une idée fixe élevait dans mon esprit une barrière insurmontable entre moi et le bonheur : c'est que je n'étais pas né pour le connaître. Oui, je regardais mon horizon comme à jamais privé de soleil : ajoutez que rien au monde ne m'eût déterminé désormais à me rendre dépositaire des destinées d'un autre être, tant la crainte de ne pas les faire aussi douces et aussi riantes que je l'eusse désiré avait acquis d'empire sur mon ame.

« Telles étaient du moins les pensées qui engageaient ma conscience abusée à persister dans le projet de vouer à l'isolement le reste de mes jours; mais si j'interroge bien mon cœur, j'y trouve un mobile moins noble qui fut sans doute le plus puissant.

« Oui, il y avait un raffinement d'orgueil jusque dans ma crainte de ne pas faire le bonheur de celle qui aurait porté mon nom. J'étais avide de cette puissance qui m'aurait permis de rassasier son cœur d'une félicité qu'elle aurait due à moi seul. De plus, j'avais un besoin immense d'être aimé : ce fut toujours là le sentiment qui domina en moi, et, s'il faut vous l'avouer, je craignis de ne pas l'être au gré des rêves que me donna cette fièvre du cœur.

« Cependant la nécessité de me distraire, de détourner le cours de mes tristes pensées, me fit redoubler d'assiduité aux fonctions que j'avais à remplir : arrivé le premier au travail, je déposais ma chaîne le dernier. Plus le détail fatigant du service confié à ma responsabilité réclamait de temps, de zèle, de patience et d'attention, plus je bénissais ce genre d'occupation qui employait, durant le jour, une certaine portion de mes facultés, et me rendait le repos désirable. Je me rattachais un peu à la vie par la satisfaction d'avoir fait plus que mon devoir. Ces efforts soutenus, dont la vraie cause n'était connue que de moi, me distinguèrent aux yeux du gouvernement; d'honorables récompenses, que je n'avais pas sollicitées, vinrent me chercher : on me supposa l'ambition naturelle de parvenir, et je n'avais que celle de me désennuyer.

« Je ressemblais à ces voyageurs qui sont si pressés d'arriver et qui ne sont attendus nulle part. J'avais l'air de travailler pour un but, et ce but était resté derrière moi, sur la route. Ces faveurs mêmes, qui pleuvaient sur moi, me faisaient mieux sentir mon isolement : personne n'avait à s'en réjouir avec moi ; elles tombaient sur ma fortune comme la pluie du ciel qui arrose le sable stérile d'un désert.

« Quelquefois je me laissais prendre au piége de mon imagination, et je faisais des projets, je concevais des plans, j'envoyais un sourire à l'avenir ; puis je me réveillais en sursaut de ce songe de lumière, et je me trouvais dans une nuit profonde. Mes projets ! c'était me moquer de moi-même. Je n'avais rien oublié dans mes calculs : j'avais tout arrangé pour retrouver le bonheur... il ne m'eût manqué que la situation nécessaire pour en jouir.

« Quand je rentrais dans mon habitation déserte, elle me paraissait maintenant plus déserte encore. Je regardais : le vide, le silence, la mort partout ! rien ne s'avançait vers moi, ne me parlait, ne pouvait m'entendre ; le bruit seul de mes pas retentis-

4.

sait sous ces lambris, froids témoins de mes veilles solitaires. Aucun souvenir vivant ne prêtait même son charme aux objets inanimés qui m'environnaient. La flamme n'était nulle part, si ce n'est dans mon cœur; mais ses rayons n'éclairaient pas mon passé, ni ne devaient se lever sur mon avenir. Caché entre ces murailles glacées, je n'avais plus besoin du don de la voix : le temps s'enfuyait emportant mes heures sur ses ailes silencieuses; mes réflexions et mes sentimens se répondaient seuls les uns aux autres, et ma pensée n'avait d'autre écho que celui qu'elle trouvait dans mon cœur.

« Heureusement, je me passionnai pour la lecture : théologie, philosophie, histoire, voyages, romans, poésies, revues, journaux, je dévorais tout avec une insatiable avidité. Je songeais beaucoup moins à m'instruire qu'à m'occuper. Que m'importaient la science, l'érudition, les agrémens du bel esprit? Je n'aspirais qu'à faire ployer l'ardeur de mes idées sous la charge excessive de mes connaissances, qu'à ruiner ma pensée sous son propre poids, qu'à me lasser les oreilles de mille instrumens : harmonieux, ou non, je ne m'en souciais guère, pourvu que le concert étourdît mon cœur.

« Il n'y avait qu'un livre qui me parût digne

d'être relu et médité sans cesse : c'étaient les Maximes d'Épictète. Je me fis disciple de cette philosophie rigide qui enseigne à supporter la perte de l'espérance, et qui fut sans doute le fruit des rêves sévères d'un homme condamné à la solitude ; j'entreprenais un travail difficile, car, plus j'avançais dans la vie, plus le besoin d'affections repoussait de vives étincelles dans le fond de mon cœur. Mais cette jeunesse de pensées, ces feuilles d'une autre saison, demeurées toujours aussi fraîches et aussi vertes, malgré la fuite des beaux jours, me faisaient une loi plus impérieuse encore de me dérober aux regards froids et moqueurs d'un monde qui m'aurait puni de ne pas l'imiter. Qu'aurais-je été faire, je vous le demande, au milieu des hommes, moi qui n'avais d'autre nœud que celui qui rattache mon ame à mon enveloppe terrestre? Je n'aurais aperçu là que destinées différentes de la mienne ; partout j'aurais vu des liens, des associations, des familles; qui sait? j'aurais pu être assez faible pour me laisser encore duper aux apparences de la tendresse et du bonheur, et jeter des soupirs mal étouffés dans mon sein ; je me serais senti mille fois plus seul parmi vous, que dans mon désert ; on m'aurait parlé une langue que j'ai oubliée, et je me serais vu montrer au doigt comme un cœur froid et un esprit bizarre, parce que je n'aurais pas été compris.

« Non, je n'avais qu'un parti à prendre, et je l'ai embrassé ; je n'ai vu les hommes que dans les rapports du devoir et de l'humanité; j'ai compté le nombre des paroles qui entraient dans mes entretiens ; je me suis fait une citadelle dans le silence, un mur d'airain dans un front sérieux, une défense nexpugnable dans l'indifférence de plaire ou de briller. Il m'en a coûté de longs et cruels efforts ; mon ame n'a pu tellement se faire rocher ou glace, qu'elle ne se soit répandue, à défaut d'êtres vivans, sur ce qui ne pouvait pas lui répondre. Voyez l'effet de cette disposition que je voulais vaincre : la sève renaissait sous le fer qui retranchait les rameaux; je m'attachai aux objets inanimés; j'eus le bonheur, il est vrai, d'échapper à la honteuse passion de l'avarice, qui n'est souvent qu'un penchant à aimer, perverti dans un cœur solitaire.... »

M. de Préval interrompit cette phrase, pour m'engager à descendre dans son jardin, où un bosquet nous offrirait un abri contre la chaleur. J'acceptai sa proposition; il me conduisit, en poussant un soupir presque imperceptible, sous une voûte de lilas et de chèvrefeuilles; nous nous assîmes sur un banc de gazon, en face d'un admirable parterre de fleurs choisies qui embaumaient l'air, et qui étaient dominées par un saule pleureur dont les rameaux, pendant avec une grace et une fraîcheur singulières au dessus de leurs tiges relevées, rencontraient un petit ruisseau coulant à ses pieds.

« Vous voyez ces fleurs, reprit M. de Préval; hé bien, je les connaissais comme le berger fait ses brebis, ou (pour ennoblir ma comparaison) comme un prieur les moines de son couvent; je les soignais avec une tendresse paternelle; je songeais à elles, en m'éveillant; j'allais m'assurer, au lever du jour, de leur progrès, respirer leur parfum qui leur servait d'ame, et admirer leur parure nouvelle. L'une venait de se courber sur sa tige et de laisser tomber sa dernière feuille; l'autre, à demi brisée, avait cédé au choc du vent de la nuit; celle-ci, invisible hier, commençait à s'épanouir; celle-là rayonnait dans tout l'éclat de ses couleurs, ornée d'une couronne de perles. J'éprouvais tour à tour, en passant devant elles, le regret, la tristesse, l'espérance et la joie : une feuille de plus était un événement: je faisais mon étude de la situation d'une goutte de rosée. Vous souriez : on voit que vous ne connaissez pas ces amusemens puérils d'un cœur malade qui cherche partout un monde à créer et à remplir.

« Mais combien j'étais insensé de chercher la solitude pour étouffer la tendresse naturelle à mon cœur; de croire qu'en fuyant les hommes, je perdrais mes passions, et qu'en échappant à l'occasion d'aimer, je me rendrais insensible! La solitude, qui n'accorde au cœur aucune distraction, est comme un miroir ardent qui concentre tous les rayons de la passion. La société est, au contraire, le meilleur remède à l'excès d'une sensibilité trop vive; elle disperse les forces, tient l'amour-propre en haleine, allume sans cesse la vanité, et, en vous forçant d'être toujours sur la défensive pour repousser les attaques de l'envie, les traits de la médisance ou les coups plus directs de l'inimitié, laisse à peine à l'ame le temps ou la faculté d'aimer.

« Si j'avais vécu au milieu des hommes, il m'eût été nécessaire de concentrer mes émotions, afin de laisser moins de prise à la moquerie, ou moins de chances à la déception. Mais quand je fus seul en présence de la nature, elle attira tous les sentimens expansifs dont j'étais capable; ils coulèrent dans son sein, comme le ruisseau suit sa pente pour tomber dans un grand fleuve. La force que j'avais perdue à cacher ou à étouffer ce que je sentais fut employée à sentir davantage; libre de m'examiner moi-même, j'alimentais mes émotions par toutes les rêveries dont elles devenaient l'objet. Les occupations qui fatiguaient mon esprit pendant la journée n'éteignaient point l'ardeur de ce cœur qu'elles laissaient désœuvré. Mon ame ne voulait jamais s'assoupir : elle veillait pendant mon sommeil et disputait avec la nuit pour le nombre des heures de mon repos. Dès qu'un premier rayon venait se glisser sur mes yeux, je m'élançais de ma couche; un esprit d'ivresse s'emparait de moi; semblable à l'artisan pressé de rallumer sa fournaise et de battre le fer sur l'enclume retentissante, ou pareil au savant qui s'éveille, qui passe sa main sur son front et se dit : « Allons observer l'étoile du matin avant qu'elle s'efface devant le soleil, » je courais sur la montagne humide et embaumée par la rosée du matin; il me semblait que ces lieux étaient encore plus solitaires, parce que la lumière les éclairait à peine. Heureux de songer qu'à cette heure la plupart des humains sommeillaient, de sentir se réfugier dans mon sein toute l'activité qui les fuyait, et de rendre à la nature, si belle au lever du jour, l'admiration qu'auraient dû lui accorder tous les hommes ensemble, je regardais comme faits pour moi ces vallons verdoyans, ces eaux fugitives, ces bois d'où sortait une vapeur dorée, et cet astre qui se dégageait de la cime fumante des arbres.

« Il y avait sur un des plateaux de la montagne un espace occupé autrefois par une ferme et ses dépendances; aujourd'hui le bâtiment abandonné tombait en ruines; les arbres du verger cédaient leurs fruits à qui voulait les cueillir, l'herbe couvrait à demi le chemin qui conduisait au seuil de la maison; le tout avait un air mélancolique et pittoresque. J'affectionnais ces débris placés au milieu d'une bruyère sauvage et environnés de toutes parts par la forêt. Un paysan qui passait un matin, sa bêche sur l'épaule, m'avait raconté que le propriétaire de cette maison y avait été assassiné pendant une nuit d'hiver, et que, depuis cette époque, personne n'avait voulu habiter les restes de cette masure ensanglantée. Attiré par l'aspect sombre et désolé de ces ruines, au moment où la nature paraissait si riante, je m'asseyais sur le bord à moitié détruit d'un puits desséché, vers lequel se penchait un acacia mourant, dont la feuille empruntait à son dépérissement une teinte d'opale, douce et tendre, singulièrement agréable aux yeux. Là, je méditais les travers de la société, la paix de la solitude et les douceurs de mon commerce avec cette nature toujours immuable, toujours bienveillante, toujours fidèle aux lois qui la gouvernent, et prête à écouter les cœurs qui ne veulent plus communiquer avec les hommes. Un feu ardent courait dans mes veines, tandis que je me livrais à une muette contemplation des merveilles de ce monde qui vit sans se connaître. Je me croyais affranchi de mes passions, et c'étaient elles qui, faute d'aliment, cherchaient le principe de toutes choses pour l'adorer.

«Quelquefois, agité par une étrange inquiétude, je m'enfonçais, à pas précipités, dans la secrète profondeur des forêts, le cœur palpitant et comme saisi tout à coup d'ennui pour la monotonie de ma destinée; puis je m'asseyais honteux du trouble qui emportait mes esprits; mon délire calmé tournait en paisible tristesse; je revenais à des souvenirs mélancoliques; je songeais au petit nombre d'êtres que j'avais aimés sur la terre et qui n'étaient plus; et mes pleurs coulaient, comme si j'eusse été près de leurs cercueils.

« Pour calmer ces vertiges de mon cœur, je lisais

et relisais les Pensées d'Épictète. Je me nourrissais jour et nuit des préceptes de ce rigoureux stoïcien; mais je n'avançais pas dans l'essai des mâles vertus qu'il enseigne. Il promettait la paix de l'ame, sous la condition du triomphe sur soi-même, au prix de l'étouffement de tout mouvement sensible, et il me semblait que cette paix n'était autre chose que celle de la mort. Aimez la vertu, la vertu seule, me criait-il : mais pouvais-je adorer un mot? Je reconnaissais ce philosophe comme tout-puissant pour réduire les passions au silence, mais en les rendant muettes de désespoir. Tandis que je lisais ses Pensées, je pliais sous l'autorité grave et superbe de ses promesses qui chatouillent l'orgueil par des images de victoires. Je lui donnais pleine raison contre moi; je lui jurais adhésion et obéissance; je marchais, victime volontaire, vers le bûcher sur lequel je devais consumer en moi jusqu'au regret de n'avoir jamais aimé; mais cette docilité était de courte durée. Bientôt la lave coulait dans mon sein; cette sensibilité humaine, que j'avais poursuivie de tous côtés pour la bannir de mon ame, n'avait fait que s'y blottir dans quelque repli impénétrable à mes recherches, et elle se réveillait tout à coup, au moment où, prêt à me reposer, je disais: « J'ai vaincu.»

« En étalant sous vos yeux les plaies saignantes de mon cœur entr'ouvert, je vous permets d'y lire facilement les augures de la destinée qui m'attendait. Mes efforts insensés pour mourir à la vie de l'ame n'avaient servi qu'à ramasser toute ma sensibilité sous une neige qui devait fondre au premier rayon de soleil; je n'avais fait qu'empêcher la flamme de s'évaporer çà et là en étincelles fugitives; j'avais économisé, par les conseils d'une sagesse trompeuse, le trésor de l'amitié, de la confiance et de l'amour; et le torrent devait renverser ses digues impuissantes, le feu échappé de la cendre, consumer tout ce qui l'aurait réveillé, et mille passions mal étouffées s'absorber dans une seule, terrible, imprévue, criminelle, à la première rencontre ménagée par la Providence pour châtier mon orgueil et humilier en moi la sagesse humaine.

« Chargé de l'examen d'une réclamation formée contre le trésor français par un étranger de distinction dont vous me permettrez de taire le nom et l'origine, je fis reconnaître ses droits, et lui assurai une restitution qui ramena dans ses mains une fortune considérable. Cet étranger, que j'appellerai M. de Villecourt, du nom de l'une de ses terres, en éprouva une vive reconnaissance, et je vis que c'était achever de le rendre heureux, que d'y paraître sensible. Quand je venais chez lui, tout y prenait un air de fête ; on m'y savait gré de ma seule présence ; je ne rompais le silence que s'il me plaisait; j'avais si peu de frais à faire pour procurer du plaisir à mon hôte, que je ne m'apercevais plus, dans sa maison, que j'étais hors de chez moi. Un jour, je remarquai que j'avais pris l'habitude d'aller y passer mes soirées; cela s'était fait insensiblement, comme par une surprise faite à mon vœu de solitude. Je fus un peu effrayé de cette découverte; mais, comme ma nouvelle connaissance avait soin de faire défendre sa porte, quand, moi, je l'avais franchie pour entrer, je consentis à cet isolement à deux, et je continuai à venir faire avec lui ma partie d'échec.

« Il avait une très-belle propriété près de Villeneuve-Saint-Georges. Une assez grave maladie m'ayant retenu un mois dans mon lit, le médecin me conseilla, dans ma convalescence, le changement d'air. M. de Villecourt vint me chercher pour me transporter à sa campagne. Il ne m'avait pas fait part de son intention; je la devinai lorsqu'il entra, et je me laissai emmener, acceptant silencieusement son invitation muette.

« Il n'y avait pas trois jours que j'étais chez lui, lorsque le bruit d'une calèche se fit entendre dans la cour. Mon hôte ne m'avait jamais dit, et je ne lui avais jamais demandé s'il était marié; il se trouva qu'il l'était, et que cette calèche ramenait sa femme qui avait été prendre les eaux du Mont-d'Or. C'était une femme très-jeune encore, d'une taille élancée, à la démarche languissante, au visage singulièrement pâle, et ayant les joues et les épaules presque couvertes d'un voile de cheveux bouclés et noirs comme le jais. Je me représentai aussitôt la contrainte que la présence de la maîtresse de la maison allait m'imposer. Mes habitudes solitaires m'avaient rendu si timide, si étranger aux assujettissemens convenus dans la société, si jaloux de la liberté de me taire, que je me repentis d'avoir quitté ma retraite. Il n'était plus temps de revenir sur mon imprudente facilité; je me promis seulement d'abréger la durée de mon séjour dans cette maison.

« Cependant l'arrivée de madame de Villecourt n'apporta aucun changement au genre de vie que son mari et moi nous menions ensemble. Accoutumée à la retraite, timide et voilée sous la modestie et le silence, loin d'exiger les déférences, elle semblait peu accoutumée à les attendre et envieuse de s'y dérober; recueillie dans sa douce réserve, elle assistait rarement à nos entretiens, rougissait quand on lui faisait une question, et se tournait du côté de son mari pour lire dans ses yeux s'il approuvait qu'elle répondît. Les deux mois que je passai à leur campagne me donnèrent le temps de les observer dans leurs rapports mutuels. Je voyais madame de Villecourt gênée devant son mari ; comme il aimait la contradiction, il lui arrivait souvent de combattre le très-petit nombre d'opinions qu'elle laissait échapper; alors elle se troublait : un léger dépit contractait ses lèvres; elle lui lançait un regard de reproche, ou levait rapidement ses yeux vers le ciel et se taisait. Je ne peux pas dire qu'il eût de mauvais procédés pour elle; au contraire, il allait au devant de tous ses désirs, l'accablait de présens toujours nouveaux, et paraissait désirer qu'elle fût heureuse; mais il voulait aussi qu'elle le fût à sa manière; et, quand il croyait avoir travaillé à sa félicité, il s'étonnait et se fâchait de ne pas l'en voir jouir. Certes, il entre beaucoup d'égoïsme dans cette générosité qui aspire à ce que les autres deviennent heureux, mais heureux seulement pour nous et par nous. Aux yeux de quiconque n'eût pas assisté comme moi au spectacle de leur existence intérieure,

M. de Villecourt eût passé pour le meilleur des époux, et sa femme comme un prodige d'ingratitude, si elle eût élevé la moindre plainte; mais elle souffrait par tout ce qui échappe aux regards du monde, par ce qui n'est rien en apparence, par des contradictions puériles, des conseils importuns, une tyrannie en détail. La faiblesse de sa constitution et la rare douceur de son caractère l'exposaient, en général, à subir une certaine domination de la part de ceux qui l'entouraient. Elle s'était mariée (et j'appris plus tard cette circonstance de sa propre bouche) pour se délivrer des accablantes importunités de M. de Villecourt; elle avait cédé à ses instances par lassitude, faute de savoir comment le refuser; c'était de la faiblesse, si l'on veut, une absence de volonté décidée, mais unie à une disposition au dévouement, qui en faisait presque une vertu.

« Aussi, quand je la connus plus particulièrement, je fus frappé de toutes les qualités qu'elle possédait à l'insu de celui pour le bonheur duquel elles auraient dû être employées. C'étaient des trésors qu'elle cachait, de peur que, loin de servir à orner leur sort commun, ils ne troublassent la paix de leur maison. Éclairée sur la dissimilitude de sentimens qui la séparait de son mari, elle supprimait donc la plus belle partie d'elle-même, comme une cause plus étendue de dissemblance, et un obstacle plus sérieux à la bonne harmonie. Dans sa douleur ingénue, la pauvre femme se reprochait comme des torts la possession même des dons qu'elle avait reçus de la Providence.

« Cette maison était la seule que je fréquentasse; le temps ne fit que resserrer les liens que j'y avais formés; le besoin d'y passer tous les momens dont je pouvais disposer était devenu si puissant, qu'à l'heure à laquelle j'avais accoutumé de partir, je m'y serais rendu en sommeillant. Je m'y étais assuré, par le temps et l'habitude, un droit d'hospitalité, un sourire de bienvenue, un simulacre de famille; j'allais m'asseoir chez M. de Villecourt; là on était heureux de me voir; je le savais, et on ne m'y demandait pas le sacrifice d'une parole.

« Il entrait assez souvent dans mon partage de trouver madame de Villecourt seule; ces jours-là, je l'avoue, tiraient de mes lèvres quelques paroles de plus; elle s'était aperçue que je l'avais comprise et appréciée. Chacun de nous était isolé sur la terre; nous avions une souffrance commune, la solitude du cœur; il était impossible qu'une vive sympathie, enhardie par la confiance qui naissait de l'habitude de nous voir tous les jours, n'entraînât pas nos ames l'une vers l'autre. Je m'indignais en secret de la trouver unie à un homme qui la méconnaissait; et peut-être de son côté me plaignait-elle de ne pas l'être à une compagne réservée pour me comprendre. Elle m'entretenait souvent de ma pauvre sœur dont je lui avais raconté la fin prématurée; ce souvenir douloureux nous amenait à déplorer la destinée de tant d'ames qui brûlent et se dessèchent mystérieusement; semblables à ces arbres qui recèlent dans leurs racines une sève enflammée, dont on ne connaît l'embrasement intérieur qu'au moment où leur écorce tombe en poussière. Peu à peu elle m'accorda sa confiance tout entière, et me dépeignit, avec une naïveté attendrissante, la longue méprise de son cœur déçu dans les rêves qu'elle faisait à seize ans, lorsqu'elle se composait, avec les espérances crédules de cet âge, de si douces images de l'avenir. Ces aveux ne me causaient pas un médiocre embarras; ils me plaçaient vis-à-vis de M. de Villecourt dans une position dont ma délicatesse ne savait comment s'accommoder.

« Un soir, je la trouvai à demi couchée sur son sopha; son bras, appuyé sur l'un des coussins, supportait sa tête inclinée; sa main me cachait son front et ses yeux, l'autre tenait son mouchoir devant sa bouche. Un valet de chambre m'avait dit, en m'introduisant, que M. de Villecourt était allé à l'Opéra. Je m'avançai; elle ne fit pas un mouvement; je crus qu'elle dormait; je m'arrêtai au milieu du salon, mais elle étendit la main, pour me faire signe qu'elle me savait là, et m'engager à m'asseoir. Je m'aperçus qu'elle pleurait; j'engageai la conversation sur un objet indifférent, pour lui donner le temps de se remettre et lui laisser ignorer que j'avais vu couler ses larmes; mais, loin de songer à me cacher son chagrin, elle se tourna vers moi :

— « Vous me trouvez dans un mauvais moment : M. de Villecourt m'a fait bien de la peine aujourd'hui. »

« Je n'osais l'interroger; le scrupule dont je vous ai déjà parlé me détournait de recevoir la confidence de ses plaintes contre son mari.

— « M. de Villecourt est loin d'être un méchant homme, continua-t-elle; mais il ne se doute pas de ce que c'est que mon cœur; bientôt j'aurai besoin, si je l'en crois, de lui demander la permission de penser; il me mesurerait, s'il lui était possible, le nombre d'idées qui me suffisent pour couler ma journée sans dormir. Ce soir, ne s'est-il pas emporté contre moi, parce qu'il m'a trouvée agenouillée et cherchant à prier! Il ne veut pas de ces momeries chez lui, m'a-t-il dit en refermant la porte de ma chambre avec brusquerie. Il est vrai que, dans les premiers temps de notre mariage, il m'avait déjà dissuadée de suivre les pieux exemples que ma mère m'avait donnés; mais alors il s'y prenait avec plus de douceur : aussi n'avait-il que trop bien réussi ; maintenant il fait plus que me détourner de ces consolations, il prétend me les interdire. Rigueur deux fois inutile! Ma foi qu'il a détruite cherche vainement à renaître; et, si j'étais assez heureuse pour la retrouver, je ne lui en ferais pas un nouveau sacrifice. Hélas! dans ces jours où je portais dans mon cœur des espérances infinies, je ne connaissais pas l'ennui, ce mal affreux qui a pris possession de ma vie, et qui m'a arraché ce soir, par un redoublement de tristesse, les pleurs que vous m'avez vue répandre. J'étais aussi beaucoup moins sensible aux procédés de M. de Villecourt; mais ce trésor de résignation et de patience est épuisé, et c'est lui-même qui m'a ôté, de ses mains cruelles, la cuirasse qui m'aidait à repousser les atteintes du chagrin qu'il me causait. »

« Madame de Villecourt s'animait dans sa plainte. Je tâchai d'excuser la conduite de son mari. Elle sentit qu'elle avait été trop loin, et la générosité réveillée dans son cœur la porta bientôt à se blâmer elle-même; mais, dans tout ce qu'elle disait, je voyais se déclarer une maladie, hélas! trop connue de celui qui l'écoutait: je veux dire les souffrances d'une imagination captive, l'inquiétude d'une sensibilité déçue, la vague irritation d'une ame tourmentée par les blessures qu'elle se fait elle-même. Ah! sans doute, si son cœur était disposé près de moi à tant d'abandon, c'est qu'elle se souvenait de l'histoire du mien, et qu'elle savait qu'en prenant intérêt à ses douleurs, je pleurais ma propre destinée. Aussi, ce soir-là, avant de me congédier, elle me regarda avec des yeux humides de larmes, qui devaient peut-être couler après mon départ; et elle me dit avec un accent qui me rappelait la voix de ma pauvre Émilie, lorsque cette dernière était émue: « J'avais besoin d'un guide, mon cher Préval, d'un ami: que je suis heureuse de vous avoir trouvé! Ah! si je pouvais vous tenir lieu de la sœur que vous avez perdue! »

« Une douce intimité s'établit entre nous. Un des plus fréquens sujets de nos entretiens était le mariage. Madame de Villecourt s'élevait, avec la vivacité d'une personne intéressée dans la question, contre les unions dites de raison ou de convenance. Je vous laisse à juger si je demeurais en arrière, dès qu'elle ouvrait ce champ à mes vieilles récriminations.

« Mes visites dans cette maison devinrent donc plus fréquentes que jamais; mais ma position entre monsieur et madame de Villecourt embarrassait chaque jour davantage ma loyauté et ma conscience. La femme m'accordait une confiance qu'elle refusait à son mari : un lien mystérieux m'unissait à elle; mes conseils secrets dirigeaient ses pensées et ses actions ; j'étais devenu nécessaire à son repos et à l'arrangement de sa vie; et ma présence n'était pas moins agréable à M. de Villecourt qui me traitait toujours avec la même ouverture de cœur, me consultait sur la moindre de ses affaires, et versait dans mon sein la peine qu'il éprouvait à voir ses efforts pour rendre sa femme heureuse si mal accueillis par elle.

« O situation pénible et douce, étrange et trop commune tout à la fois! Après avoir tant cherche la femme selon mon cœur, je l'avais rencontrée :

mais déjà ravie à mon espérance, déjà perdue pour mon amour, déjà rangée sous la domination légale d'un autre homme ! Celle qui m'aurait aimé appartenait à celui qu'elle ne pouvait chérir ; et moi, l'homme qui aurait assuré sa félicité, j'étais réduit à former des vœux pour qu'elle se résignât au malheur ! Le sort de ma vie était à la fois accompli et manqué ; je ne devais plus tirer mon bonheur que d'une situation fausse, défilé dangereux, où les restes de mes belles années, une fois engagés, ne pouvaient plus trouver d'autre issne qu'une faute ou le désespoir.

« Mon cœur avait été long-temps rempli d'instincts brûlans, d'espérances trompées, mais non étouffées, de rêves nourris par la solitude, d'un feu de jeunesse, qu'aucune liaison humaine, qu'aucune légèreté de principes, qu'aucune distraction du monde n'avait fait évaporer. Tout ce qui brûle, tout ce qui s'enflamme, tout ce qui s'enthousiasme, tout ce qui aime, adore, idolâtre, était là, dans mon sein, n'attendant que l'objet, l'occasion et l'heure ; et l'objet, l'occasion et l'heure étaient venus. Je démêlais en moi un sentiment qui, pareil au souffle de l'orage, réveillait tous les échos de mon cœur. J'entendais sortir, du creux de cet abîme, des murmures profonds et inaccoutumés, quand j'approchais de celle qui me nommait son ami.

« Je me connaissais trop bien, je m'étais étudié trop long-temps moi-même pour me faire illusion. Ce n'était plus de l'intérêt, de l'estime, de l'amitié, qui soufflait dans mon ame. Le tourbillon était trop impétueux; il n'y avait pas une feuille de l'arbre qui ne tremblât.

« Le mois d'octobre venait de commencer: j'obtins un congé pour passer le reste de la belle saison hors de Paris. Je partis avec monsieur et madame de Villecourt pour une de leurs terres, située en Brie, près de Coulommiers, non loin du lieu de ma naissance. Ni l'un ni l'autre ne pouvaient plus se passer de moi; et ils avaient attendu, pour partir, que mes occupations me permissent de les accompagner. M. de Villecourt aimait la chasse avec passion: moi, je préférais rester au château, entre les livres de sa bibliothèque et les beaux ombrages de ses plantations.

« Un jour, madame de Villecourt et moi, nous marchions sur les bords d'un ruisseau tari, dont les eaux limpides et argentées coulaient durant les beaux jours, et dans le lit duquel jaunissaient maintenant les débris immobiles des rameaux qui s'étaient mirés naguère dans son frais cristal. Nous admirions la magnificence des couleurs dont la nature mourante parait son déclin; et madame de Villecourt, ranimée par le sentiment du bonheur, pressait légèrement mon bras qui soutenait le sein, en proférant ces mots à demi-voix: « J'ai donc un ami, et j'ai trouvé ce qu'une jeune femme de ma connaissance me disait un jour être impossible, le repos dans l'attachement, l'intimité dans l'estime, l'abandon dans la vertu, la consolation de l'ennui dans les seuls plaisirs de l'amitié. »

« Hélas! pendant qu'elle en appelait à mon cœur de ces pures espérances, je reniais l'amitié, l'appelant un vain mot; je ne croyais que dans l'amour, l'invoquant comme la vérité.

« Madame de Villecourt était une de ces ames pétries de douceur et de tendresse, qui, animées d'un souffle presque divin, ne demandent rien de plus à l'amitié, que l'amitié même. Elle rêvait un attachement pur jusqu'au tombeau, l'attachement sans la passion.

«Lorsqu'il lui fut impossible de se méprendre sur la nature du sentiment qu'elle me faisait éprouver, elle tomba dans la plus violente douleur. Elle pressentait qu'elle avait perdu un ami, et elle ne voulait pas se perdre pour conserver un amant. Les traces de l'éducation austère qu'elle avait reçue, long-temps effacées dans son ame assoupie, revivaient à l'heure du danger, comme l'empreinte gravée sur une pierre précieuse reparaît au contact de la flamme. Elle luttait contre son cœur et le mien avec une vertu qui m'arrachait des larmes dont je baignais ses genoux : je lui jurais d'étouffer mes transports, et je lui tenais parole ; mais cet effort surnaturel, que je faisais sur moi-même, me coûtait de si horribles combats, que ma vie ne pouvait y suffire. Une mortelle pâleur se répandait sur mon visage ; la fièvre dévorait, par un feu lent, le principe de mon existence ; mes joues creuses, mes yeux éteints, ma démarche chancelante, attestaient la force d'une passion d'autant plus terrible, qu'elle avait éclaté plus tard dans le cours de ma vie.

« Madame de Villecourt, émue de pitié au spectacle de mes souffrances, ne cessait de verser des pleurs qu'elle ne prenait plus la peine de me cacher. « O mon ami, me dit-elle un jour, il faut nous séparer; je meurs à vous voir dépérir ainsi à cause de moi. Mon ami, cherchez une compagne digne de vous : le Ciel vous la fera rencontrer. »

« A ces paroles, un sourire amer glissa sur mes lèvres, et, tirant une lettre de mon portefeuille : « Lisez, » lui dis-je. C'était une lettre par laquelle un de mes collègues me demandait si j'étais dans l'intention de me marier, ajoutant qu'il se croyait assuré que le ministre des finances agréerait ma recherche auprès d'une de ses nièces, dotée de huit cent mille francs. Madame de Villecourt connaissait cette jeune personne parfaitement élevée, et renommée pour sa merveilleuse beauté. Je la vis pâlir; je lui arrachai la lettre des mains et la déchirai en mille morceaux. « Ces débris qui tombent à mes pieds vous annoncent combien je suis peu disposé à suivre vos conseils, » ajoutai-je froidement. Elle me regarda avec une expression de tendresse qui m'enleva au plus haut du ciel, et elle se sauva précipitamment dans une autre chambre.

« Un autre jour elle me tenait ce langage : « Si j'ai assez de force pour rester dans la vertu, vous mourrez; et moi je meurs, si je suis assez malheureuse pour oublier mes devoirs. » Alors je me précipitais à ses pieds et je lui répétais que c'était à moi de succomber.

« Cependant il y avait des momens où la passion me rendait semblable à un homme dont l'ivresse ou la folie a troublé les esprits ; alors mes paroles brûlantes sortaient de mon cœur comme les traits de flamme d'une fournaise trop remplie. Le seul sentiment qui devait perdre cette femme infortunée, c'était la compassion; et comme le délire aveugle qui me possédait n'avait jamais approché d'elle, je peux dire qu'elle sacrifia sa vie, qui était la vertu, à sa pitié amollie de plus en plus par mes douleurs résignées ou mes prières déchirantes.

« Oui, elle succomba, et, à compter de ce jour, elle perdit la santé, le sommeil, la paix de la vie, le bonheur qu'elle goûtait dans mon attachement; mais, par un dernier prodige de dévouement à mon bonheur, elle cherchait à me cacher les terribles effets de sa chute; et, craignant d'éveiller mes douleurs par l'aveu des siennes, elle déguisait, sous l'apparence du sourire, ce désespoir et ces regrets, funestes présens de mon amour.

« Cependant notre liaison, à peine formée, avait été rompue par elle; l'infortunée implorait encore en faveur de l'amitié les retours de mon cœur une fois égaré. Nouveau rêve qui ne pouvait se réaliser!

Exposée à mes persécutions, elle coulait la plus triste vie entre un époux qu'elle gémissait d'avoir trahi, et un amant qui lui reprochait de l'avoir abandonné : entre l'un auquel elle appartenait par ses sermens, et l'autre qui croyait avoir acquis des droits sur elle par sa faiblesse.

« Voyez les conséquences de la position dans laquelle cette passion m'avait entraîné : fidèle à une femme sans lui être uni, amant sans maîtresse, et bientôt père sans enfant! Oui, la faute et le malheur se consommèrent jusqu'au bout. Jugez de ce qui se passa dans mon cœur le jour où M. de Villecourt vint m'annoncer que le Ciel avait comblé ses vœux les plus ardens, et qu'il lui était né un fils.

« D'un côté, une mère qui ne peut presser son nouveau-né sur son sein, sans voir en lui l'image vivante du déshonneur auquel je l'avais condamnée, et qui est obligée de se priver même du funeste plaisir de l'arroser de ses larmes; ici son amant qui voit revivre un gage d'une tendresse qui a fait le destin de sa vie, mais qui n'a point la liberté de placer son enfant sur son cœur; et là un époux trahi qui se nomme heureux, et prodigue les plus tendres caresses au fruit de l'adultère!

« Avec quelle amertume de cœur je reconnus la fausseté, la contrainte, le mensonge de la destinée que je m'étais faite! Ah! j'étais né pour goûter, dans la plénitude de leurs légitimes douceurs, les félicités domestiques, pour aimer et pour donner le bonheur avec mon amour, pour me glorifier dans le nom tendre et sacré de père; et, emporté par le vain rêve d'une perfection chimérique, par un orgueilleux dédain pour les destinées communes, par un secret amour de l'indépendance, caché sous le faux enthousiasme de la philosophie, je m'étais écarté des lois par lesquelles la Providence a réglé la société; et moi, qui fuyais l'hymen, parce que l'état de nos mœurs ne l'élevait pas au degré de sainteté dont il me paraissait digne, j'avais profané ce lien auguste, pour en dérober les plaisirs par une trahison, pareil à un homme condamné à l'exil, qui débarque furtivement, dans l'horreur des ténèbres, sur le rivage où la loi lui avait interdit de paraître.

« Cependant mon cœur était trop importuné par le besoin d'affections pour ne pas se prendre au nouvel objet qui, dans l'ordre de la nature, sollicitait toute ma tendresse. Il me fut permis de le voir chaque jour, de lui souffler mon ame sur ses lèvres vermeilles, de lui compter mes baisers, trop rares, hélas! et d'épier, d'un œil avide, les progrès de son existence. Quand on le déposait entre mes bras, je voyais la pâleur mortelle de sa mère faire place à une rougeur qui lui couvrait tout le visage; elle baissait sa tête humiliée, et cachait les signes du trouble affreux qui passait dans son cœur, en ramenant les boucles de ses longs cheveux noirs sur ses paupières humides.

« Mais toutes mes joies étaient empoisonnées; je n'avais dans la maison, pour ce qui regardait le sort de cet enfant, que le droit de conseil : l'autorité appartenait à un autre, et c'était moi qui étais l'étranger. J'ai connu tous les transports de l'affreuse jalousie; j'ai senti le poignard entrer dans mon cœur et s'y tourner lentement dans ma blessure, lorsque M. de Villecourt détachait l'enfant suspendu à mon col, et, le nommant son fils bien-aimé, exerçait sous mes yeux tous les droits, toute la puissance et toutes les prérogatives qui m'étaient dus ; il fallait que je chargeasse de chaînes mon ame prête à se dévoiler, et que je misse un sceau d'airain sur mes lèvres, pour ne pas ressaisir mon enfant et m'écrier : « Il est à moi. »

« Trois ans s'écoulèrent sans apporter d'autre

changement à ma bizarre et amère destinée, que la résignation de l'habitude. A cette époque, la santé déclinante de madame de Villecourt nous donna de si graves inquiétudes, que son mari se détermina, d'après l'avis des médecins, à la faire voyager, et moi je restai chargé du soin de veiller sur l'éducation d'Adolphe : c'était le nom de l'enfant.

« Ils furent bien mélancoliques les adieux que je reçus de sa mère. « Je n'ai pas besoin de recommander Adolphe à votre amitié, » me dit-elle de sa voix tremblante, adoucie encore par une émotion dans laquelle se confondaient la pudeur du repentir, la tendresse maternelle, le souvenir d'un ancien amour, et peut-être le pressentiment de sa fin prochaine.

« Elle mourut au bout d'un an, dans les environs de Naples. La nouvelle de cet événement me jeta dans un sombre délire, que pouvait seule calmer la présence de cet enfant, fruit de la funeste liaison qui avait sans doute abrégé ses jours. Cet événement redoubla ma tendresse pour l'orphelin : je ne vivais plus que par ses sourires. Il m'offrait une merveilleuse ressemblance avec sa malheureuse mère ; c'était la même délicatesse de traits, la même noblesse dans la physionomie, la même suavité dans la terminaison des lignes qui dessinaient l'ovale de sa figure; il avait la même manière de pencher sa tête avec grace; sa bouche se relevait aux deux angles des lèvres avec ce charme séduisant que je n'avais jamais connu que dans sa mère; sa carnation eût rivalisé avec cette teinte de rose qu'une source limpide emprunte au soleil levant qu'elle réfléchit; ses grands yeux bruns étaient aussi beaux par l'expression que par la forme; quand je l'embrassais, ils devenaient tout tendres et tout brillans; et il avait encore hérité de sa mère cette admirable chevelure dont les boucles abondantes et foncées lui donnaient je ne sais quel air de force et de fierté.

« Lorsque, assis sur mes genoux, il lisait à haute voix dans le volume que je tenais sous ses yeux, les sons de sa voix mélodieuse me plongeaient dans une rêverie mêlée de profonde tristesse; je croyais entendre un accent timide et lointain d'une ombre chérie; la douleur d'avoir précipité au tombeau, par l'égarement de ma passion, cette femme charmante se ranimait dans mon cœur; une larme amère et brûlante tombait de ma paupière qui n'avait pu la retenir, et glissait sur les boucles d'ébène qui couronnaient le front de l'orphelin, pareille à une de ces gouttes de pluie de l'arrière-saison, qui tombent sur la dernière fleur de la vallée : puis j'étouffais le trouble qui me gagnait de plus en plus sous un long baiser que l'enfant ravi acceptait comme la récompense de ses progrès dans l'étude.

« Lorsqu'il perdit sa mère, il entrait dans sa quatrième année. En m'annonçant ce funeste événement, M. de Villecourt m'avait écrit qu'il allait partir pour son pays natal où le réglement de ses affaires pourrait le retenir encore plusieurs mois. Une année tout entière avait passé, et il n'était pas de retour. Pour moi, il y avait des momens où j'oubliais presque son existence. Occupé de l'éducation et du bonheur de mon fils, je me séparais des souvenirs du passé, et tournais à peine mes yeux sur l'avenir. Mon attachement pour l'enfant était venu au point de me faire oublier que M. de Villecourt pouvait d'un jour à l'autre le ravir à mes embrassemens.

« Enfin ce jour arriva. M. de Villecourt entra un matin chez moi. Il était revenu à Paris sans m'avoir prévenu de son départ. Je faillis tomber mort à ses pieds en l'apercevant ; il témoigna aussitôt le désir de voir Adolphe ; le sang glacé dans mon cœur me laissait à peine la force de remuer; pâle comme un criminel qui monte sur le bois du supplice, je fis venir l'enfant qu'il prit dans ses bras, couvrit de pleurs et de baisers, en lui demandant s'il reconnaissait son père. Je sortis pour échapper au tourment que cette scène me faisait éprouver. Elle se renouvela souvent pendant le cours du mois qui suivit l'arrivée de M. de Villecourt; moi, je feignis d'être malade; mais le dénouement ne se fit pas attendre.

« Il m'annonça un jour que, résolu de quitter la France qui n'était maintenant qu'un vaste désert pour lui, il comptait se fixer pour toujours avec son fils dans sa lointaine patrie.

« Une fièvre ardente, dont la cause était dans ma pensée, me donna cette fois une véritable et terrible maladie. Mais en desséchant ma chair, en me rendant semblable à un spectre, elle ne m'ôtait pas la force de sentir : au contraire, les passions n'avaient jamais exercé un empire si actif sur mon cœur. La douleur, l'amour, la jalousie, la rage, le possédaient ensemble. Quand je me trouvais seul avec Adolphe, je l'étreignais sur mon sein, avec un égarement furieux, jurant de ne pas le laisser partir, le suppliant, comme s'il pouvait me comprendre, de demeurer avec moi, et murmurant à voix basse à son oreille, en le dévorant de mes regards étincelans qui lui arrachaient des larmes d'effroi : « Ne me quitte pas : c'est moi qui suis ton père ! »

« Le jour du départ approchait ; je ne savais plus à quel parti m'arrêter : instruire M. de Villecourt, c'était déshonorer la mère, et cependant il n'y avait plus que ce seul moyen de reconquérir mon enfant qui était mon bien, mon amour, mes délices, la vie de ma vie.

« J'étais encore livré à cette effroyable irrésolution, quand M. de Villecourt parut chez moi, pour me faire ses adieux et m'enlever l'innocente créature qu'il regardait comme son sang. Dans ce moment, un transport de douleur et de jalousie gonfla tellement mon cœur, qu'il fit tomber de mes lèvres, à mots entrecoupés, le terrible secret. — Vous ne pouvez pas emmener Adolphe, lui dis-je.

— « Pourquoi ? répondit-il d'un air étonné.

— « Parce qu'il n'est pas à vous.

— « Que voulez-vous dire ?

— « Qu'il n'est pas votre fils !

« Et, en prononçant ces mots d'une voix étouffée

et lugubre, je m'approchai de lui, en promenant sur toute sa personne un regard effaré; et je me plaçai devant l'enfant.

« La surprise l'empêchait de prononcer une seule parole. Il me crut saisi d'un accès de délire : — Vous avez la fièvre, mon pauvre ami; c'est le chagrin de vous séparer d'Adolphe, qui trouble votre raison : allez prendre du repos. Et il voulut me conduire dans ma chambre.

—« Je vous dis qu'il est mon fils, m'écriai-je alors d'une voix de tonnerre; tenez, lisez, lisez! homme malheureux, mais moins malheureux encore que l'homme qui vous enfonce le poignard dans le cœur. Et je lui tendais une lettre que sa femme m'avait écrite depuis la naissance d'Adolphe, et dans laquelle tout le mystère de notre liaison était dévoilé.

« M. de Villecourt la lut; ses joues devinrent violettes; ses lèvres semblaient rentrer dans sa bouche, comme si ses dents eussent été un glaive à deux tranchans, prêt à les couper, et ses yeux s'arrêtèrent sur moi, sans pouvoir me fixer, devenus troublés et mobiles contre sa volonté.

« Dès que l'usage de la parole lui fut rendu, il

me dit, d'un ton calme : « Vous disiez vrai : mais je ne me battrai pas avec vous ; votre vie ne vaut pas la peine que je l'abrége. Cependant il vous faut un châtiment, et le voici : « Partons, » dit-il à l'enfant.

« Je voulus m'élancer vers lui pour lui fermer le passage, mais les forces m'abandonnèrent : je tombai évanoui. Une chaise de poste les attendait ; ils étaient déjà loin quand je repris connaissance. »

M. de Préval avait fini son histoire ; le jour commençait à baisser ; il me prit la main : « J'ai su depuis que mon fils avait suivi sa mère au tombeau. Maintenant, vous savez tout ; mais je me connais, et demain je serai au désespoir de vous avoir confié mes douleurs. Ne cherchez donc pas à me voir, avant que ma noire mélancolie ne soit dissipée. »

Je quittai mon malheureux ami, et, me conformant à sa défense, je m'abstins de toute relation avec lui. Un voyage que je fis en Allemagne prolongea d'ailleurs notre séparation. Mon absence avait duré trois ans ; mais les journaux m'avaient appris, durant cet intervalle, que M. le baron de Préval avait été nommé sous-secrétaire d'État au ministère des finances.

Quelques jours après mon retour à Paris, je le rencontrai dans les Champs-Élisées; son visage respirait, à ma grande surprise, la paix et le contentement. Il m'embrassa tendrement, et nous causâmes bientôt avec effusion de cœur; il m'apprit, d'un air serein et presque joyeux, qu'il avait donné sa démission. Il tenait un volume :

— Est-ce encore Épictète ? lui dis-je.

— Non, j'ai un autre consolateur, reprit-il; et le Ciel en soit béni! Hélas! si je l'avais invoqué plus tôt, je n'aurais connu, ni le supplice de l'isolement, ni les égaremens des passions; car j'ai retrouvé dans ces pages, arrosées de larmes d'un remords qui ne finira qu'avec ma vie, tout ce qui m'avait manqué sur la terre : vertu et amour unis ensemble.

J'ouvris ce livre : c'était l'Évangile.

Le Désenchantement.

LE

DÉSENCHANTEMENT.

—Vois-tu Julien marcher à pas précipités sur les bords de l'étang glacé? La neige qui tombe à gros flocons a beau couvrir son chapeau et ses vêtemens, il semble ignorer qu'il y a un ciel d'où elle peut descendre. Il n'a pas même pris son manteau.... par un froid pareil! il va se rendre malade. L'agitation de sa marche annonce celle de son esprit: ses bras sont croisés sur son sein. Le voici qui ôte son chapeau, et expose son front à la fureur du vent et de la grêle qui tourbillonnent au dessus de sa tête. Ses beaux cheveux flottent en désordre sur ses épaules. Mon Dieu! a-t-il perdu la raison? lui est-il arrivé quelque malheur? son cœur saigne-t-il d'une blessure qu'il dérobe à nos yeux? Est-ce une passion secrète qui lui fait chercher déjà la rêverie, la solitude et la tempête?

—Il y a long-temps que j'ai remarqué dans ses yeux cette mélancolie sombre, cette vague inquiétude, signes d'une maladie de l'ame trop commune de nos jours. Chère Isabelle, notre enfant, si je ne me trompe, n'est pas malade d'amour, mais d'ennui.

—L'ennui! il ne fait que travailler.

—Autrefois ce ver rongeur naissait de l'oisiveté; aujourd'hui il est engendré par l'étude. C'est un des effrayans caractères du siècle où nous vivons. J'avais connu ce terrible mal à vingt ans: notre Julien l'a gagné à dix-huit, sinistre précocité des rêves désordonnés du cœur! Mais tâche de tirer de ses lèvres l'aveu de ses souffrances; et si je les ai devinées, je lui enseignerai à les guérir, en lui racontant l'histoire des miennes.

Quand Julien rentra, madame Saint-Hilaire, se trouvant seule avec lui, s'appliqua à l'interroger avec ces douces précautions, ces ménagemens délicats et ces pieuses adresses que pouvaient lui inspirer la connaissance du caractère de Julien, les graces du cœur de la femme et les sollicitudes de l'amour d'une mère. Julien, en sentant cette main chérie pénétrer dans son sein pour y chercher sa blessure, ne défendit plus son secret et le laissa couler avec des larmes qu'il ne sut pas mieux retenir.

— Oui, je suis malheureux! et il pressait la main de sa mère sur son cœur, comme pour lui faire toucher le siége du mal.

— Dis à ta meilleure amie ce qui te fait souffrir; et elle baisait son front.

— Une grande, une sublime espérance, qui a été déçue.

— Laquelle?

— De travailler à la réforme des institutions de ma patrie.

— Explique-toi.

— Oui, je brûle d'accélérer les progrès de l'esprit humain, d'assister à la chute des monstrueux abus qui retardent le bonheur de la France, d'attacher mon nom à une régénération religieuse, morale, politique, littéraire.

En prononçant ces mots, Julien souleva ses longues paupières; et le nuage de tristesse qui avait couvert son regard fut sillonné par de vifs éclairs.

— Tu formes là un vœu qui doit être gravé dans le cœur de tout bon citoyen, et qui me paraît digne de servir de but et d'aliment à ta noble ardeur, pendant tout le cours de ta vie.

— Que sert de rêver sans agir, de souhaiter sans atteindre, de brûler seul sans éclairer les autres?

— Mais tu es encore bien jeune.

— J'ai assez vécu pour désespérer de l'avenir de mon pays.

— Désespérer?

— Oui, depuis deux ans, j'ai publié plus de dix brochures; et, puisque tant d'efforts sont demeurés infructueux, le mal paraît incurable, et tout sincère ami de son pays n'a plus qu'à se voiler la tête.

— Viens-tu de me révéler la seule cause de tes chagrins?

— La seule... car je n'ai plus rien à faire ici-bas.

Julien poussa un douloureux soupir; sa tête retomba sur sa poitrine, et son regard chercha la terre avec une expression de trouble et de découragement qui fit tressaillir sa mère.

Frappée de surprise à l'aveu d'une si étrange douleur dont elle n'avait jamais entendu parler, qu'elle ne pouvait pas comprendre, et ne savait comment adoucir, madame Saint-Hilaire ne put que presser silencieusement Julien dans ses bras, et le consoler en lui rappelant combien il était aimé.

Dès qu'elle l'eut quitté, elle s'empressa d'aller raconter à son mari cette singulière et pénible confession.

— Je ne m'étais pas trompé! s'écria-t-il; je reconnais l'ennui, ce poison des imaginations vieillies avant l'âge, et des cœurs enflés trop tôt d'illusions téméraires. Il m'a dévoré, il dévore mon fils, il dévorera ses enfans; c'est la malédiction de Dieu qui châtie, jusqu'à la septième génération, une nation sans croyances. Chez Julien, cette mystérieuse maladie revêt une forme nouvelle. J'y vois le caractère d'une époque où une génération tout entière, sortie d'un berceau suspendu entre les ruines, ne croit avoir reçu du Ciel des bras et des forces que pour relever ces débris qui lui disputent l'air et lui cachent le soleil. Il ne rêve, le pauvre enfant, ni plus ni moins qu'une régénération sociale : à dix-huit ans ! Son besoin de croire, de penser et d'agir, s'est pris à ce songe sublime.

C'est une montagne escarpée sur laquelle il s'est élancé, pour avoir de ces hauteurs un abîme à contempler. Puis le vertige l'a saisi, et il s'est lassé de vivre. Moi, j'avais connu ce vide prématuré de l'ame dans le sein de la pauvreté ; mais Julien plus heureux, dont l'activité naissante n'a pas eu à lutter contre les humilians dédains de la fortune, a cherché d'autres obstacles pour y briser son courage ; de sorte qu'impatient de trouver un nom au vague ennui qui le dévore, il t'a dit, et il a cru lui-même, qu'il gémissait sur les maux de la patrie.

— Comment le guériras-tu de ces dangereuses rêveries ?

— Je te l'ai dit : par mon exemple.

M. Saint-Hilaire entrait dans sa quarante-deuxième année ; mais sa stature haute et svelte, sa démarche vive, son geste prompt, ses regards pleins de feu, un certain air de douceur et d'espérance mêlé à son sourire, lui conservaient des dehors de jeunesse sous lesquels se dérobaient au moins dix ans de son âge. La trace des mouvemens impétueux de l'ame se montrait sur son visage, à côté des signes de la domination sur soi-même; mais ces deux choses, la passion et la vertu, s'y confondaient si bien dans une même expression, que chacune semblait n'être là que pour faire deviner l'autre. Il avait le don céleste réservé à ceux qui ont beaucoup senti, beaucoup souffert et beaucoup triomphé de leur propre cœur, celui d'attirer à lui, par un charme inexprimable d'émotion et de curiosité, toutes les ames qui l'approchaient. Il devait ses plus beaux triomphes d'éloquence, dans la chambre élective dont il était membre, à ce privilége de placer aussitôt la majorité de ses auditeurs dans la disposition où il était lui-même; alors il ne tardait pas à convaincre ceux dans lesquels il faisait passer le sentiment qui avait inspiré ses paroles. Il était célèbre, comme écrivain politique, par des ouvrages où il avait traité les plus hautes questions sociales, et où régnait une si noble abnégation du succès et un amour si sincère du pays et de l'humanité, qu'en les admirant, on oubliait l'auteur pour l'homme, et que le talent qui y brillait semblait dépendre accidentellement du choix du sujet et de la bonne foi de l'écrivain. D'ailleurs, il avait sacrifié depuis longtemps la gloire de bien écrire à la noble ambition de bien faire; il s'occupait de favoriser dans son département les progrès de l'agriculture et de l'industrie; et le laboureur et l'ouvrier portaient sur leurs lèvres les seules louanges dont il fût devenu jaloux. Il avait tracé autrefois l'histoire des ennuis de son cœur; et le tableau qu'on va lire plus bas fera connaître de quelles passions vaincues, de quel désespoir subjugué, de quels travaux entrepris, de quels malheurs soufferts, s'étaient laborieusement composés sa vertu, son génie et son bonheur.

La session des chambres était close depuis un mois, et il habitait en ce moment sa propriété, située dans un vallon pittoresque, au pied des montagnes du Jura.

Le lendemain du jour où M. et madame Saint-Hilaire s'étaient entretenus des aveux de leur fils sur les causes de sa mélancolie, ils eurent la visite de l'évêque du diocèse. C'était un prêtre vénérable, dont les cheveux étaient blanchis par l'âge, la figure pâle, l'air majestueux, le regard plein de douceur et de modestie; il gardait un humble silence sur tous les sujets qui touchent aux choses de ce monde, et ne croyait la parole donnée aux lèvres du lévite, que pour consoler le pauvre ou intercéder en sa faveur auprès du riche. Cette réserve qu'il s'imposait dans ses entretiens avec les hommes rendait plus touchans les sons affaiblis de sa voix à demi éteinte par les fatigues de l'apostolat. Instruit des besoins du siècle, il s'était voué, dans sa prédication, à la défense de la vérité du christianisme; simple prêtre dans une petite église de la capitale, il y avait semé la parole de vie avec tant de succès, que la bonne odeur de ses vertus, long-temps cachée en secret, comme les parfums de l'encens sous les voiles du tabernacle, avait fini par s'échapper au dehors, portée en tous lieux par les bénédictions de ce grand nombre d'ames qu'il avait ramenées à Dieu. Élevé, malgré sa résistance, aux honneurs de l'épiscopat, il occupait un évêché dans le département que M. Saint-Hilaire représentait à la chambre des députés, et la maison de ce dernier était l'une de celles où ses visites étaient le moins rares, parce qu'il était sûr de trouver là des sentimens chrétiens, et des secours pour toutes les infortunes qu'il avait à soulager.

M. et madame Saint-Hilaire le reçurent avec les témoignages accoutumés de plaisir et de respect;

et un tourbillon de vent accompagné de neige et de grêle étant survenu pendant qu'il était chez eux, il y prolongea sa visite au delà du temps ordinaire. On s'entretint d'abord du grand nombre d'indigens à secourir dans le fort d'une saison rigoureuse, de l'insuffisance des établissemens de charité, puis, des écoles primaires, et de la nécessité de les multiplier. Le bon prélat voulait que le peuple fût instruit; mais il demandait que le bandeau de l'ignorance fût ôté de ses yeux par les mains de la religion. Ce sujet l'amena à déplorer avec une sainte énergie les effrayans progrès de l'incrédulité qui traînait à sa suite le déréglement des mœurs, l'impatience de toute règle, la révolte contre la Providence, la mauvaise foi dans les contrats, la basse envie, le coupable désir de s'approprier le bien d'autrui, et une passion effrénée pour le plaisir, ou une accablante lassitude de l'existence, qui poussait l'homme, dans la fleur de la vie, à se détruire lui-même.

— Et ce dégoût prématuré de la vie, cette soif lugubre du repos éternel, disait le pieux évêque en élevant la voix, est une maladie qui exerce surtout ses ravages dans les rangs de la société où ont pénétré toutes les lumières de l'éducation. Hier encore, dans un hameau voisin que nous pouvons voir de ces fenêtres, un jeune homme, fils d'un honnète négociant, s'est donné la mort sur le seuil même de l'église dont vous apercevez le clocher, au penchant de cette colline. Le malheureux est entré mort dans le temple; ah! sans doute, il en serait sorti vivant, si, avant d'exécuter son fatal projet, il eût répandu devant l'autel une seule des larmes qui l'étouffaient! Oui, je voudrais que tout infortuné, avant d'en venir à un acte d'horrible fureur contre son ame, essayât de ce remède céleste : qu'il entrât, pendant qu'il s'achemine vers le tombeau, dans l'église ouverte sur sa route, et fît consentir son désespoir à une pause de quelques momens sur le bord de l'abîme, aux pieds du Dieu qui tient les clés de la mort et de l'enfer. Ah! sans doute, le bruit seul de ses pas sous ces voûtes saintes donnerait un autre cours à ses homicides pensées; son sein brûlant aspirerait devant l'autel un souffle de paix; il sentirait qu'il est dans ces lieux un céleste ami, tout prêt à venir à lui pour le consoler de son amère solitude au milieu des hommes; pour la première fois, il souhaiterait que la religion fût vraie; et ce désir serait l'essai de la prière qui s'écoulerait bientôt de ses lèvres vers le père des miséricordes, comme le torrent né de l'orage roule sur la pente qui le mène au sein des grandes eaux; il retrouverait ses larmes qui semblaient taries, et manquaient depuis long-temps à ses yeux; enfin, subjugué par la consolation, il cèderait peut-être, et, tombant à genoux, laisserait avec délices couler sur son cœur desséché une goutte de ce sang divin, répandu pour la résurrection des hommes.

Le bon prêtre était aussi ému que s'il eût été vraiment témoin du tableau qui se présentait à sa pieuse imagination; on eût dit qu'il priait pour cet être idéal qu'il venait de se figurer au pied des autels. M. Saint-Hilaire regardait son fils que ce récit avait plongé dans une profonde rêverie. La mère de Julien demanda au prélat si on savait les motifs de la mort du jeune homme qui s'était tué la veille à la porte de l'église.

—On a trouvé, répondit-il, dans une des poches de son habit, un papier plié, sans adresse, qui a été ouvert, et qui portait, si j'ai bonne mémoire, ce peu de mots tracés au crayon :

« Je ne savais que faire, et mon père me laissait sans argent; j'ai joué une somme qui m'était confiée, non parce que j'aimais le jeu, mais pour échapper à l'ennui et m'enrichir plus vite. J'ai perdu, et la vie m'est devenue insupportable; je prie mes parens de me pardonner. »

M. Saint-Hilaire jeta de nouveau les yeux sur son fils qui s'était levé et paraissait lutter contre une agitation extraordinaire; mais la Providence, qu'il bénissait d'avoir envoyé à Julien ces mystérieux avertissemens, se réservait d'exaucer plus complètement encore, ce même jour, ses vœux paternels.

Après avoir gardé quelque temps un silence entrecoupé par les soupirs que lui arrachaient les images de la dépravation du siècle et des misères des hommes, le respectable évêque porta la main à son front, avec un geste qui indiquait le retour d'un souvenir à demi effacé par les années.

— « Il y a bien vingt ans de cela, reprit-il comme s'il se fût parlé à lui-même; oui, j'étais attaché à l'église de Notre-Dame de Lorette; une dame de cette paroisse me fit prier un jour de venir administrer les secours religieux à un jeune homme qui demeurait dans sa maison. Je courus, et je trouvai le mourant, dont je n'ai jamais su le nom, étendu sur son lit et assisté de deux médecins. Ces messieurs m'apprirent qu'il avait voulu respirer une vapeur homicide, en l'absence de sa malheureuse mère; que la propriétaire de la maison avait été avertie par un domestique qui, ayant reçu de son jeune maître une commission pour toute la journée, avait conçu des soupçons; et qu'on était arrivé assez tôt pour le rappeler à la vie. Du reste, ils doutaient que la chaleur rendue à son cœur pût s'y maintenir, et ils m'engagèrent à profiter de ce moment où la vie reparaissait dans ses yeux et sur ses lèvres, dans le cas où je voudrais remplir les pieuses intentions de la personne qui m'avait fait appeler.

« On me laissa seul près de l'infortuné; je m'approchai et m'assis près de son lit; il me fit signe qu'il était bien aise de me voir; ses grands yeux noirs, dont les nuages de la mort n'avaient pu amortir toute la flamme, exprimaient, quoique un peu égarés, une immense tristesse, un doute infini; et, habitué par les devoirs du sacerdoce à pénétrer dans les cœurs, j'y découvrais tout le travail d'une vie vainement employée à chercher un but qui fût digne d'elle. Cette observation m'apprit la manière de faire arriver la vérité dans son ame; je tirai la lumière des ombres mêmes de l'abîme où le désespoir l'avait précipitée; et cette mort dont il avait fait son dieu, qu'il avait invoquée, et qui tenait encore la main étendue sur lui, rendit par ma bouche témoignage de la nécessité d'une croyance qui offrît aux flammes du cœur un aliment inépuisable, et au vol de l'espérance des ailes incorruptibles. Où se réfugieront les pensées errantes des enfans des hommes, lui disais-je, si elles sont rassasiées des petitesses et des misères de la vie? Ne faut-il pas à l'ennui du cœur un soulagement toujours prêt; à la douleur irréparable, une école de résignation; à l'ambition trompée sur la terre, un rêve consolant de grandeur surhumaine!

« A ces derniers mots, une légère rougeur passa sur ses joues, comme un rayon de sentiment, à travers les violettes de la mort; il prit ma main, et la serra dans la sienne, comme pour m'avertir que j'avais touché la blessure.

« Je continuai à lui peindre la vérité de la religion, rendue sensible par l'impossibilité où nous étions de trouver sans elle, soit un but proportionné à la grandeur de nos désirs, soit une consolation mesurée à notre dégoût de la vie.

« Alors, d'une voix si faible, qu'elle ressemblait au souffle d'une ombre:

« Qui veut croire ne croit pas toujours, » murmura-t-il.

« Dites mieux, repris-je : Qui veut douter doute toujours; et je lui montrai que la foi valait le prix d'un effort tenté pour l'obtenir. Au moment où je recueillais de ses lèvres livides la promesse d'employer à chercher le vrai Dieu, s'il survivait, les restes d'une existence qu'il n'avait voulu abréger que parce qu'il ne l'avait jamais connu, la porte s'ouvrit, et une femme échevelée entra, en poussant un cri douloureux, tel qu'il n'en peut sortir que des entrailles d'une mère. Je crois l'entendre encore, ce cri déchirant; et tous les détails que je vous raconte sont gravés dans ma mémoire, comme les circonstances d'un rêve, au moment du réveil.

« La mère du jeune homme était tombée à genoux au milieu de la chambre, et les bras étendus vers son fils, l'œil fixe et sans pleurs, les lèvres tremblantes, elle cherchait des forces et n'en trouvait plus; enfin, elle se traîna jusqu'à moi, et là, son désespoir éclatant par des sanglots terribles, je sentis le flot de ses larmes brûlantes inonder mes mains qu'elle pressait en répétant, dans son pieux délire, le nom sacré du Sauveur. De son côté, le jeune homme avait voulu s'élancer vers sa mère, et, trahi de même par sa faiblesse, demeurait à moitié penché hors de sa couche, raidissant en vain ses bras pour l'atteindre, et poussant cette plainte lugubre : « — Qu'ai-je fait ? ô ma mère ! ô ma mère ! »

« Je voudrais placer en face d'un pareil tableau tout homme qui, ayant une mère, conçoit l'horrible dessein d'attenter à ses jours. »

— Et le jeune homme a-t-il survécu ? demanda Julien.

— Oui, mon fils, répondit gravement M. Saint-Hilaire.

— Vous le connaissiez donc ? demanda l'évêque étonné.

— C'est moi-même !

Le prélat, madame Saint-Hilaire et Julien, demeurèrent frappés d'un muet étonnement.

— Oui, je suis cet infortuné dont vous avez raconté l'histoire, reprit M. Saint-Hilaire. J'avais toujours ignoré le nom du vertueux apôtre envoyé par la Providence au secours d'un malheureux pour qui semblait être venue à la fois l'heure d'une double mort ; c'était donc vous ! Combien je bénis le Ciel de m'avoir procuré cette occasion d'acquitter la sainte dette des bénédictions mises en réserve depuis si long-temps dans mon cœur.

L'évêque, enseveli dans sa surprise, gardait le silence. Madame Saint-Hilaire regardait son mari d'un air qui annonçait ce tendre reproche : Et tu ne m'en avais jamais rien dit? Le cœur de Julien bondissait dans sa poitrine. Il avait trouvé dans son père un ami qui avait connu, par une redoutable expérience, cette maladie du cœur dont il faisait l'apprentissage.

Le prélat remis enfin de son étonnement :

— Mes yeux n'étaient tombés que sur un front couvert d'une affreuse pâleur, flétri par les angoisses de la souffrance, et obscurci par des ombres mortelles; les vôtres n'avaient pu envisager celui qui essayait de vous consoler. Il n'est pas étonnant qu'après nous être trouvés l'un près de l'autre cette seule fois, nous ne nous soyons pas reconnus en nous retrouvant ensemble.

— Je restai un mois suspendu entre la vie et la mort; puis je trouvai grâce devant le Dieu que vous m'aviez annoncé. Je témoignai le désir de vous voir; mais, demandé par l'archevêque de Bordeaux, vous étiez parti depuis quelques jours pour son diocèse. Cependant, je vous tins parole : je cherchai la vérité, et l'aurore se leva pour moi. Oui, je goûtai cette consolation ineffable qui ne vient ni de notre raison, ni de celle des autres hommes, mais qui coule dans notre sein par un canal mystérieux. J'appris que l'homme, en méditant sur ses peines, ne fait que les aggraver, parce qu'il les unit mieux à sa pensée, et que la céleste prérogative de la foi est de calmer les agitations de notre ame, en y versant une paix indépendante des réflexions.

L'évêque ajouta des développemens à cette vérité qui est peu connue des hommes, mais qui jaillit, comme une source limpide, des gouffres du malheur.

Cependant le ciel était redevenu serein; les vents avaient cessé de mugir, et la grêle de battre en légers tourbillons les vitres du salon; l'évêque prit congé de M. et de madame Saint-Hilaire, et monta dans sa voiture qui creusa bientôt silencieusement deux rapides sillons sur la route blanchie par la neige.

Vers la fin de l'entretien, M. Saint-Hilaire avait laissé échapper qu'il avait tracé dans sa jeunesse, jour par jour, un naïf tableau des souffrances de son cœur. Lorsque après le départ de l'évêque, madame Saint-Hilaire se trouva seule avec son mari, elle lui demanda timidement s'il possédait encore cet écrit, question qui revenait à celle-ci : « Veux-tu me le laisser lire ? »

M. Saint-Hilaire la regarda avec tendresse : « Il y est question de toi ; et ce que mon cœur disait d'Isabelle, dans mes rêves de jeunesse, il l'affirme aujourd'hui avec la douce autorité de l'expérience, et d'une voix que répète, d'année en année, l'écho de ma félicité et de notre amour ; le désespoir que j'éprouvais en te croyant perdue pour moi se justifierait par le bonheur que j'ai goûté dans notre union. »

En achevant ces mots, accompagnés d'un sourire qui fit errer sur ses lèvres mille délicieux souvenirs, M. Saint-Hilaire sortit, entra dans son cabinet, et revint bientôt, tenant à la main le monument fidèle des confessions de son ame ; c'était un manuscrit composé de feuilles volantes, écrit à la hâte, souvent dépourvu de liaison, désordonné comme les sentimens dont il gardait les images, et semé de ces plaintes éternelles qui sortent d'un cœur déchiré par l'ennui, comme l'eau qui dégoutte sans cesse des fentes d'un rocher placé au bord d'un abîme.

M. Saint-Hilaire avait intitulé cet écrit qui ne portait d'ailleurs aucune date :

« *Souvenirs de quelques mauvais jours de ma jeunesse.* »

Madame Saint-Hilaire prit le manuscrit, en disant : « Voyons si je te connais bien, ou s'il me reste quelque chose à apprendre ; » et, le cœur palpitant de curiosité, elle alla s'enfermer dans sa chambre où elle lut, sans s'arrêter, les lignes suivantes.

*

Il est minuit : je reviens de l'Opéra italien ; mille voix harmonieuses chantent dans mon cœur. Le chagrin tordait toutes les fibres de mon sein ; mais au premier coup d'archet, un frisson courut dans mes veines ; les orages de mon cœur firent silence ; un vent doux, venu du ciel, commençait à souffler ; une pluie d'harmonie me pénétrait de sa ravissante fraîcheur ; il sortait de chaque instrument cette voix d'un Dieu : Oublie ! Je suivais toutes les ondulations de ce flot, tantôt rapide, tantôt léger, tantôt mugissant comme la tempête sur les montagnes ; tantôt soupirant comme le roseau incliné par le vent ; tantôt soulevé comme une mer furieuse prête à briser un navire; et tantôt serpentant à la manière d'un ruisseau qui s'oublie sur des fleurs. Mes ennuis se fondaient comme la cire qu'on approche de la flamme; je m'endormais dans une ivresse bienfaisante; le sentiment de la vie restait éveillé en moi, mais je sentais le mouvement dans le repos; mon plaisir ne me coûtait aucun effort, et je n'avais pas besoin de penser pour en jouir.

Voilà le triomphe de la musique : cet art divin me procure l'extase que je ne trouverais plus au pied des autels. Seul, il me fournit le sentiment de l'infini; il me console, me tranquillise, me réconcilie avec la destinée, et me fait rêver tout ce que je désire. La musique est la religion des malheureux qui n'ont plus de croyances; faut-il s'étonner que son temple soit plein tous les soirs! La foule des infortunés s'y presse pour venir oublier là ses misères.

Quand l'ouverture a été finie, je me suis levé. Une voix de femme, qui partait d'une loge placée derrière moi, avait attiré mon attention; cette voix mélodieuse formait toute seule un autre concert. J'aperçus une jeune personne qui n'avait pas plus de seize ans, et dont la figure respirait également cette harmonie qu'on pourrait nommer la musique des traits. Oh! la charmante créature! simplement vêtue, les cheveux partagés en bandeau, une écharpe rose nouée à son cou, elle éclipsait ses deux compagnes étincelantes de soie et de diamans; un monsieur aux cheveux presque blancs, quoique dans la force de l'âge, placé derrière elle, paraissait être son père. Je ne pouvais plus détacher mes yeux de cette loge : l'aspect de la beauté, dans les prémices de cette saison de fraîcheur et d'innocence, m'a toujours ravi; mon imagination se prit à deviner le caractère de cette jeune fille; je tâchais de retrouver les impressions de son cœur au mouvement de ses yeux, le degré de sa sensibilité aux intonations de sa voix; elle paraissait avoir l'habitude de baisser ses admirables sourcils, quand elle était silencieuse : ce qui formait sur son beau front un léger pli qu'on aurait pris pour l'ouvrage d'une précoce douleur, si on ne l'eût vu disparaître aussitôt qu'elle parlait à ses compagnes ou les regardait en les écoutant. Son sourire devenait alors angélique. Comme tout devait être harmonieux dans cette enfant! quelle paix céleste annonçait le concert de son regard et de ses lèvres! Son sourire répandait tout à coup une sorte de lumière sur sa physionomie qui s'embellissait d'autant plus, qu'elle prenait plus d'intérêt à ce qu'elle voyait, disait ou entendait. Je l'aurais aimée dans sa rêverie, admirée dans son sourire. On n'eût jamais su combien elle était belle, si on ne l'eût entrevue que sérieuse. Je méditais sur le calme et le bonheur que goûtait cette ame à peine éclose, encore étrangère au souffle orageux des passions.

Puis l'opéra commença; et je suivis sur cette figure ravissante l'impression de la mélodie. Les yeux attachés sur ses yeux, tandis que l'harmonie se distillait dans mon oreille attentive, je cherchais son ame, et la trouvais dans le plaisir commun dont le son fugitif nous enivrait; son sein, à peine arrondi par la chaste main des Graces, était soulevé par cette cadence mystérieuse qui mettait mes soupirs d'accord avec les siens; mes yeux se repaissaient de sa pudique beauté; la vue du plaisir qu'elle éprouvait en écoutant un ravissant duo, redoublait encore le mien; et, quand ses yeux humides payèrent le plus envié des tributs au génie du compositeur, mes pleurs jaillirent, non plus d'admiration, mais d'amour. Cette ame, je la sentais unie à la mienne, dans ce séjour où s'envolent tous mes désirs non satisfaits ; c'était un hymen connu des anges..... s'il y a des anges.

C'est ainsi que je passe ma vie : mon imagination est tour à tour mon enfer ou mon ciel ; aujourd'hui, elle m'envoie à la mort ; demain elle me tansporte dans l'Éden. Hélas! c'est toujours après m'avoir déposé sur ses ailes, à cette hauteur, qu'elle m'abandonne au vide de l'existence, et alors, jusque dans quelles ténébreuses et profondes régions me faut-il rouler !

*

Quelle dure nécessité de n'avoir pour exister que cet affreux travail ! Une traduction d'une histoire allemande des sciences naturelles ! recevoir 10 francs pour chaque feuille de seize pages !

Ajoutez que j'ignore la langue que je traduis, et que j'apprends moi-même, un moment avant de l'écrire, la signification de chaque mot. O pesant boulet du galérien, je succombe à la fatigue de te traîner chaque jour ! serai-je enchaîné toute ma vie au banc de cette galère ? Seul confident de mes pensées, ne leur trouverai-je jamais de langage pour les rendre sensibles à l'oreille des hommes ? Impatient de ma déplorable servitude, j'ai déjà frappé aux portes du tombeau. Je me suis arrêté : l'espoir de retrouver un plus noble emploi de mes facultés m'a soutenu ; j'ai senti, au moment d'expirer, que j'étouffais une vie qui pouvait jeter quelques étincelles ; mon intelligence a murmuré ; elle m'a reproché de me défier d'elle; cette intelligence, dont l'inaction forcée causait mon désespoir, s'est révoltée aux approches du néant ; elle a jeté un cri en me promettant de me sauver : Confie-toi à moi ! ne m'éteins pas encore ! Toutes mes facultés, prêtes à s'engloutir dans l'éternel sommeil, ont jeté un soupir si lamentable, que l'espérance, sortant du tombeau que j'entr'ouvrais, m'en a interdit le seuil. La vie me disait : Je ne veux pas te quitter encore ; et la lumière ajoutait : Il fait sombre ; mais la nuit n'est pas encore venue.

O mon génie ! mon génie ! viens à moi ; si je te porte dans mon cerveau, manifeste-toi, brise ta prison, jaillis comme le soleil qui sort des nuages de l'orient ; embrasse-moi comme un ami déguisé que l'on reconnaît dans un désert : ou si je n'ai vu briller que les faux éclairs de l'amour-propre ; si ce que j'ai pris pour toi n'est qu'une ombre trompeuse, un rêve menteur de la jeunesse, le vain bruit d'une ame qui se croit grande, à l'arrivée de la mort, parce qu'elle boit, comme le vaisseau qui sombre, les eaux de l'abîme qui vont le submerger; si je n'ai rien qui doive me distinguer des autres hommes; si la fortune et la renommée sont des sources fallacieuses qui fuiront toujours devant mes lèvres; ô mort, je t'appartiens; reprends le bien que j'ai voulu te dérober; chaque heure de ma vie est un larcin que je t'ai fait. Si je ne suis pas digne de te vaincre en m'illustrant, je suis trop malheureux pour ne pas aller à toi, si tu m'oublies!

Mais attendons l'effet que produira mon roman. Hélas! il n'avance guère vite : ce maudit travail de mercenaire m'enlève mes plus belles heures; j'use, non mes facultés, mais mes forces dans une ingrate besogne dont mille autres s'acquitteraient mieux que moi, et qui laisse dormir mon imagination et mon cœur; quand je veux composer, l'invention me fuit; je n'ai pas la force de sentir; les images que j'arrache de ma mémoire ne peignent plus qu'infidèlement le modèle tracé dans mon cœur qui brûle en vain de répandre la vie qui le consume; et je pleure de rage de ne plus trouver que de si pâles couleurs pour reproduire les secrets de ma douleur. Alors, je me fais honte à moi-même ; je rougis de l'indigence et du dénuement de ma pensée ; je mets en doute si le Ciel a orné mon esprit d'un rayon de talent, et je déchire en frémissant ces pages encore humides, dont les débris emportent dans le néant mes rêves d'avenir et mes espérances de renommée.

*

Hier, après mon déjeuner, j'avais au fond de ma bourse la dixième partie d'un franc. L'aube, en blanchissant le toit de ma chambre, m'avait trouvé courbé sur l'ingrat travail qui me fait vivre, et le jour avait fourni sa carrière avant que j'eusse terminé ma tâche. Ma bourse était vide sans que la portion de travail qui me donne droit à un salaire fût achevée : « Allons demander au libraire de me le payer d'avance. » Ainsi je me parlai à moi-même ; je pris bravement mon chapeau, et je sortis, fermement persuadé que j'entrerais là où je me proposais d'aller ; mais à mesure que j'approchais de la librairie, la honte amollissait mon courage. — S'il me refusait, de quelle confusion ne serais-je pas couvert? Comment lui faire ma proposition ? Sous quels termes couvrir mon dénuement? N'était-il pas à craindre qu'il ne me retirât le travail qu'il me confiait, en me croyant dérangé dans ma conduite? — Je me faisais toutes ces réflexions, et, lorsque je fus arrivé à l'angle de la rue où il demeure, je m'arrêtai pour aviser à ce que j'avais décidément à faire. Je me trouvais devant une autre boutique de libraire; et je pus à mon aise délibérer, en regardant les titres des ouvrages nouveaux, rangés sous leurs cages de verre. Je me mis peu à peu à penser à mon roman inachevé ; je songeai que bientôt il figurerait comme ces productions étalées aux regards du passant, dans tous les magasins de la capitale; je repris confiance en moi. Un homme destiné à un pareil avenir craindrait d'aborder un marchand, de lui demander une chose toute naturelle, un escompte! eux-mêmes, dans le commerce, n'ont-ils pas sans cesse besoin d'avances? Ce n'est pas un emprunt que je sollicite. C'est un échange, avec cette seule condition qu'il me livre le premier l'argent contre lequel je troque mon labeur.

Enhardi par ces idées et par le sentiment du talent que je me supposais, je marchai lestement vers la boutique de mon homme, et j'entrai d'un air délibéré, comme si j'avais voulu acheter comptant tous les livres de son magasin. — Qu'y a-t-il pour votre service? me dit-il; venez-vous me demander du texte? C'était le cas de répondre : Non, mais de l'argent. Je répliquai, en rougissant : — Oui, c'est du texte qu'il me faut. — Comment, reprit-il, avez-vous déjà fini votre tâche? — Pas tout-à-fait, mais je désire m'épargner les interruptions. Il quitta son comptoir, monta par un escalier tournant dans une pièce située au-dessus de son magasin, et me laissa quelques minutes seul. Pendant ce temps-là, je me fis d'amers reproches sur ma sottise et ma lâcheté; et je commandai à mon courage de rompre le silence, à son retour, sur l'objet qui m'amenait. Il redescendit, me remit quelques feuilles du livre allemand que je traduisais; et, voyant que je restais devant lui, après l'avoir remercié à plus de trois reprises différentes, il me dit : — Auriez-vous encore quelque chose à me demander? Moi, du tout, m'empressai-je de répondre, je n'attends de votre obligeance qu'un peu de ficelle pour nouer ces papiers ensemble. Il me donna la ficelle demandée. J'attachai lentement mon rouleau, le fourrai dans ma poche, l'en retirai, comme s'il ne pouvait pas y entrer facilement, l'y replaçai de nouveau, pris mon chapeau, et me penchai vers les tablettes du magasin, comme pour voir, avant de sortir, les livres qui pouvaient intéresser ma curiosité. J'espérais toujours être capable de dire, avant de m'en aller : « Pourriez-vous m'avancer, si cela ne vous gêne pas, le prix de la partie traduite que j'ai à vous remettre demain soir ou après-demain matin, au plus tard ? » Cette phrase que j'avais péniblement élaborée dans ma tête, je la répétais sans cesse, comme le maire d'un village redit tout bas le discours de réception qu'il a préparé pour un prince qui voyage. Pour me donner plus de temps, je me mis à feuilleter un livre nouveau; je n'en apercevais pas même les caractères, tant j'étais occupé de rapprendre ma phrase et d'exciter l'énergie de ma volonté à la prononcer. Je demeurai une grande demi-heure debout, mon chapeau d'une main, un livre qui n'était pas encore coupé dans l'autre; dévoré par l'irrésolution, mourant de faim, attendant, de ce peu de mots qui ne pouvaient sortir de mes lèvres, le prix de mon dîner, et ne trouvant pas la force d'en composer les syllabes. Enfin, indigné de cette humiliante position, irrité contre moi-même, convaincu que la nuit pourrait venir avant que je fusse décidé à demander de l'argent à mon libraire, je le saluai, et sortis sans lui avoir dit un mot de plus.

Dès que je fus dehors, je m'étonnai de moi-même, fis quelques pas rétrogrades vers sa boutique, songeant à cette autre phrase : « Ah ! j'avais oublié de vous demander..... » Mais la mauvaise honte me reprit au seuil du magasin ; et un cabriolet, qui passait avec la vitesse de l'éclair, m'ayant couvert de boue, ce dernier contre-temps acheva de me ravir toute confiance en moi. Je pris le chemin du boulevard, et j'achetai chez un boulanger, avec l'obole qui me restait, un petit pain que je dévorai en marchant. Si je n'avais eu, pour me préserver du désespoir, la secourable pensée de mon roman qui me revint en tête, ma rêverie aurait abouti de nouveau à un projet de suicide.

Tandis que j'avalais furtivement chaque bouchée de ce pain léger, digne repas d'un malheureux enfant des Muses, je crus voir passer dans une magnifique calèche la jeune beauté qui avait fixé, un soir, mon attention à l'Opéra italien. Je cachai vite mon pain dans ma poche, comme si j'avais eu honte
[illegible] à cette inconnue que je dînais en
[illegible] doute elle ne m'avait pas accordé,

au théâtre, l'honneur d'un seul regard ; j'étais pour elle comme si je n'étais pas, et moi, je baissais devant elle un front humilié; pâle de honte, je tirais un voile sur mon indigence, comme si j'eusse dû tenir dans son estime une place au dessus de celle que m'y réservaient les rigueurs du sort.

Cette rencontre m'avait navré le cœur. Le lien mystérieux que les impressions de l'harmonie avaient établi, durant quelques heures, entre mon ame et celle de cette jeune fille, m'avait fait rêver une destinée d'amour et d'élégance. En la voyant passer dans cet appareil de luxe et de grandeur, et en reportant les yeux sur ma personne, je sentais mieux le contraste; je mesurais la distance qui existait entre un être chétif et obscur comme moi, et l'homme qui aurait pu lui plaire; et, ce qui redoublait mon humiliation, c'est que je me reconnaissais dans mon cœur une dignité et renfermais dans mes désirs une élévation qui me faisaient paraître à mes propres yeux comme déchu d'une condition meilleure.

Je continuai ma route sur les boulevards, coudoyé, couvert de poussière, m'arrêtant en vain, pour me fuir, devant les objets qui amusent l'oisiveté errante, traînant un corps accablé de chaleur et de lassitude, regardant sans rien voir, allant où je n'avais ni le désir ni l'intention de me rendre; mais pressé des aiguillons de mon poignant ennui, et prenant en pitié le monde tel que Dieu l'avait fait, ou tel qu'il s'était fait lui-même. J'arrivai jusqu'au dernier boulevard; et là, je m'assis sur un banc de pierre, cent fois plus à plaindre que le mercenaire qui se soulage, en s'arrêtant, du fardeau qui faisait ployer ses genoux. Tandis qu'il essuie la sueur qui ruisselle sur son visage, il respire pour reprendre des forces. Mais j'étais tenté de supplier chaque passant de me débarrasser de ma misérable existence. Cependant les ombres de la nuit descendirent, et le souffle du soir rafraîchit ma tête brûlante. J'invoquai la pitié des Muses; j'ébauchai quelques scènes de mon roman, et je me ravivai à la consolation de tracer des tableaux lugubres, de donner une forme humaine aux noirs fantômes qui assiégeaient mon imagination; de faire couler le sang, et de tirer vengeance de la destinée, en copiant son affreuse image dans mon ame dévorée d'impatience et de dégoût contre les inégalités de la fortune.

*

J'aime mieux me priver de nourriture que de musique. Ma bourse s'épuise en tributs portés à l'autel du dieu qui endort mes souffrances. L'Opéra italien est mon temple : c'est là que mes pensées trouvent un peu d'accord; le choc tumultueux de mes sentimens cède au besoin du repos et de l'oubli; à force d'entendre le concèrt de ces instrumens et de ces voix si bien fondues ensemble, le trouble de mes désirs s'apaise, il n'y a plus qu'un son qui vibre dans mon ame, et je vis dans le présent. O passion de l'harmonie! tu es le souvenir ou le pressentiment de toutes les autres : tu satisfais celles qui me dévorent, ou tu me fais rêver celles qui me manquent!

C'est à l'Opéra que je suis sûr de revoir ma charmante inconnue. Dans mes heures d'ennui, au milieu de mes plus accablans travaux, je songe aux accens que j'entendrai le soir, au regard qui délectera mes yeux; et je dois ma résurrection à cette espérance.

Je ne connais pas bien cette jeune fille, et c'est

peut-être ce qui la rend si intéressante à mes yeux. Il me vient l'étrange et romanesque idée de me rendre digne d'elle, de la forcer à faire attention à moi, de lui laisser ignorer qui je suis; mais de lui apprendre peu à peu l'amour qu'elle a inspiré à un étranger, de faire travailler son imagination sur la destinée de cet inconnu; puis, de déchirer le voile à mesure que je m'élèverai en réputation, en fortune, en puissance, jusqu'à ce qu'elle apprenne enfin que son amant est l'un des hommes les plus éminens de ce pays, et qu'il consent à l'élever jusqu'à lui en l'épousant.

Je fais ce rêve, et, à force d'y songer, il se change en désir, en espérance, en détermination. Eh! pourquoi n'atteindrais-je pas à la gloire et à la fortune comme tant d'autres? C'est le siècle où les forces individuelles doivent, comme les eaux sorties du sein de la terre, s'élever jusqu'à leur niveau.

Oui, se distinguer ou mourir! se couronner d'éclat ou rentrer dans la nuit éternelle! Je ne pourrais souffrir long-temps cette vie d'abjection et de néant. Le démon, qui se débat dans mon ame, me dit : Élance-toi sur la cime du rocher, ou roule dans le gouffre qui est sous tes pieds!

Ce soir, en rentrant de l'Opéra où j'avais vu ma sylphide, où j'avais bu à longs traits, en l'admirant, la volupté de mes songes, mon ame était si fort remuée par le souvenir de son image enchanteresse, joint à l'impétueux désir de conquérir un nom, de la forcer à entendre l'écho de ma gloire, que je n'ai pu me résoudre à chercher le sommeil. L'air était doux; le ciel rempli d'étoiles; la lune projetait ses clartés mélancoliques sur le dôme du temple voisin; j'ouvris ma fenêtre d'où j'aperçois tout ce bel édifice, et mon regard embrassa l'espace immense du firmament, glissa sur l'or rayonnant de la coupole, s'empara de la grandeur des proportions, de la majesté du portique, du combat des ombres avec la blanche lumière; et mon cœur se livra peu à peu à des élancemens vers le sublime, le gigantesque et l'avenir sans bornes. Je me promenai dans ma chambre, sans autre clarté que celle de l'astre, témoin de mes incommensurables rêveries. Je me sentais consumé par le besoin immense d'aimer; j'envoyais mes ardens regards vers le ciel; je contais le mystère de ma tendresse à des fantômes adorés, images d'êtres charmans que je n'avais jamais vus.

Une activité incroyable animait toutes mes facultés : l'enthousiasme coulait en longs ruisseaux dans mon sein ; une puissance de vie, telle que je ne l'avais jamais éprouvée, embrasait mon cœur; je prenais possession de tous les trésors de mon être. Ah! que j'étais au dessus de moi-même dans cet instant rapide, où l'espérance me prêtait des ailes pour m'élancer dans un monde illimité! Je croyais dans mon génie; je ne doutais plus de mon avenir : plus de découragement, d'incertitude, de divisions; j'avais la claire vue de mes forces ; je m'emparais par l'imagination de tous les biens que je me croyais sûr d'atteindre; amour, puissance, autorité, renommée, trésors, estime et admiration du monde, je possédais tout; je jouissais de tout; mon ame n'avait plus de vide; son feu trouvait à circuler au dehors, dans une sphère vaste et riche comme elle-même.

*

Mon roman a réussi. Me voici débarrassé de ma traduction et du labeur à dix francs la feuille. Je ne traduis plus, je compose, et je vis du produit de ma pensée. J'ai trois autres romans déjà vendus au libraire. Ils ne sont pas encore commencés; mais c'est comme s'ils étaient dans son magasin. Ma soif d'écrire devient de plus en plus vive; elle se rallume à mesure que je la satisfais.

*

Je passais mardi dernier dans la rue Saint-Honoré; j'aperçus ma belle inconnue marchant le long des boutiques, suivie d'un domestique. Je fixai mon œil curieux sur cette physionomie enchanteresse; dès qu'elle fut passée, je sentis mes genoux fléchir; je fus obligé de m'arrêter, et de m'asseoir sur un banc de pierre. Il me sembla qu'elle m'avait reconnu, qu'elle avait rougi et baissé les yeux. Cette rose qui avait coloré tout à coup ses joues de seize ans était le rêve le plus poétique que j'eusse fait de ma vie. Je m'étais mis en relation avec son cœur; notre rencontre était devenue un événement dans sa vie; je me croyais le plus puissant mortel de la terre; quand je la vis prête à tourner l'angle de la rue et disparaître, je m'élançai sur ses traces. Elle entra successivement dans plusieurs boutiques; j'eus la patience d'attendre qu'elle eût fini toutes ses emplettes; j'étais dévoré par la curiosité de savoir son adresse et le nom de son père. Enfin, elle s'arrêta dans un hôtel de la rue Saint-Georges, et je ne la vis plus sortir : elle était en négligé; j'en conclus qu'elle était rentrée chez elle. Je m'informai dans une boutique du nom de la personne qui habitait cet hôtel; j'appris que c'était M. D., riche banquier allemand; qu'il n'avait qu'une fille, nommée Isabelle, jeune encore, d'une beauté rare. Je savais ce que je voulais apprendre.

Je partis, précipitant ma marche et me disant : « Elle sera à moi ou je mourrai. » Elle a une grande fortune; mais je lui apporte un grand nom, il y aura égalité. Mon imagination se frappa si vivement de cette idée, qu'elle devint un but réel pour mes désirs, un véritable aiguillon pour mes efforts, une chance conçue comme possible par ma raison. J'avais toujours besoin de ces rêves pour exister; plus ils étaient téméraires, plus ils m'enflammaient. Les obstacles jetaient un voile plus mystérieux sur ma destinée à venir; je m'élevais au dessus de la foule par mes seules espérances; et c'était déjà quelque chose d'obtenu.

*

Si j'étais riche, je voyagerais. Je suis tourmenté, à un degré inexprimable, de ce besoin de changer de lieux, de visiter le monde, de voir ce qui se passe sous le soleil. Parcourir rapidement la face de la terre doit donner un merveilleux plaisir; on fend les airs; l'existence est multipliée; on a plusieurs ames; c'est le rêve en action. Si vous aimez la poésie, elle est sur cette terre dont chaque pas de vos coursiers semble renouveler l'aspect; on la respire dans le parfum des montagnes que vous gravissez; elle bouillonne dans les flots sur lesquels on vogue; elle est dans les voix du peuple étranger qui vous entoure. Vous êtes sans cesse distrait de vos ennuis par l'univers qui est à vos côtés et vous parle mille langages. On est toujours consolé du regret de partir d'ici par le plaisir d'arriver là. Le lieu que vous voyez ne vous fait pas oublier celui que vous avez vu: au contraire, l'image des pays qu'on a traversés permet de les ajouter aux nouveaux qu'on parcourt, de sorte que vous êtes vraiment, par un céleste privilége, en plusieurs lieux à la fois.

Pendant que je lis quelques pages au coin d'un bois, le voyageur voit celles que lui déroule l'immense nature. Les fatigues et le danger aiguisent ses jouissances. Il se repose où il veut. Roi de la terre, il en prend possession en l'admirant, et lui ravit toutes les connaissances qui orneront son souvenir, fortifieront son génie, effaceront ses préjugés et feront l'entretien de ses vieux ans. Son existence aura été dix fois plus longue que celle des autres hommes; car la vitesse du mouvement lui a fait dépasser le temps qui mesure sa vie; et, s'il compte ses années par la multiplicité de ses sensations, sa mémoire renfermera plus de jours qu'il n'en a vécu.

Si j'étais riche, je voyagerais; mais je suis pauvre, et je suis cloué à cet espace de terre où j'ai pris racine, comme un cep de vigne, qui porte sa grappe, jaunit à l'automne, se dépouille à l'hiver, pour recommencer chaque année à mûrir et à se faner encore.

Qu'il est triste d'être dévoré de désirs qu'on ne peut satisfaire, de porter une ame à l'étroit dans une destinée incomplète? Ma réflexion s'épuise en impuissans efforts pour changer la destinée. J'engage une lutte terrible dans le fond de mon cœur contre cette aveugle puissance qui se joue du sort des mortels, élève les uns, abaisse les autres, noie ceux-ci dans les délices de la prospérité, attache ceux-là sur la roue de l'indigence, leur fait traîner le fardeau de la honte, met la distance du ciel et de l'enfer entre chacun de leurs désirs et son accomplissement, et les remplit de rêves qui sont leurs bourreaux. Occupés à soulever l'espérance qu'ils roulent sur une montagne d'où ce rocher retombe sans cesse pour leur déchirer le sein, il n'y a que le sentiment amer de l'infortune qui soit une réalité pour eux. Mon imagination est le théâtre d'un horrible et perpétuel combat de ce genre; mes facultés se mettent aux prises les unes contre les autres, mon esprit se repaît du besoin d'affections, qui dévore mon cœur; et toutes les passions de mon ame se nourrissent des interminables rêveries où se noie ma pensée.

Où est-il, où est-il ce bonheur que je rêve, cet amour que j'appelle, cette gloire que j'ambitionne, cette paix que j'implore, cet espace infini où je voudrais planer?

★

Je relève d'une longue et cruelle maladie; ma pauvre mère est accourue du fond de sa province pour me soigner. Quel dévouement! quelle tendresse! quel bien sa présence a fait à mon cœur! j'avais besoin de me sentir aimé.

Qand je fus hors de danger, et que je repris quelques forces, mille sentimens tendres, affectueux, ardens, se glissèrent dans mon cœur. Condamné à l'inaction sur ma couche, je me livrais à mes rêves passionnés que venait enflammer l'image d'Isabelle. C'était comme si je venais de la voir: je l'apercevais contournant un œil languissant vers moi; nous confondions nos regards, elle comprenait les secrets de mon cœur; mon imagination, excitée par les restes de la fièvre, travaillait sur cette passion romanesque. Isabelle était pour moi une vision poétique; je l'aimais comme Rousseau aimait sa Julie; mais il avait tout à créer; moi, je n'avais qu'à me souvenir; il ne pouvait rien espérer d'un rêve; moi j'attendais comme Prométhée que le mien s'animât.

Ces élancemens d'imagination firent monter ma passion à un tel degré de violence, que je me promenais dans ma chambre, en appelant à haute voix ma chère Isabelle, en me précipitant à ses genoux, en couvrant ses pieds de mes larmes; puis je me relevais comme un furieux : « Oh! quand l'emmènerai-je sur un âpre rocher de l'Helvétie, dans une solitude cachée à tous les hommes, en présence de toutes les menaces de l'éternel hiver, pour la presser sur ce cœur brûlant au bord d'un gouffre glacé! La nuit des précipices lui peindrait mon ame dont je n'ai jamais trouvé le fond, et dans laquelle l'amour roulerait comme le torrent des abîmes. Elle verrait les neiges se fondre au souffle embrasé de mon haleine, le glacier disparaître sous la pluie de roses que ferait éclore la première larme d'amour tombée de ses paupières. Nous transformerions la nature : chacun de mes soupirs ébranlerait les fondemens des montagnes; et un monde tout nouveau jaillirait de nos cœurs divinisés.

Quelquefois je me croyais couché à ses pieds dans une barque voguant sur un beau lac d'Italie. Je voyais l'onde limpide, devenue un autre firmament; bleue comme la voûte des airs, elle berçait les astres de la nuit; la lune y baignait sa chevelure d'or; les zéphyrs y rafraîchissaient leurs ailes dont un coup léger enflait de temps en temps nos voiles. Ce n'était que parfums, frémissement de l'onde, soupirs des roseaux de la rive. On entendait les heures s'enfuir doucement dans ces traces d'écume que laissait au loin, derrière nous, le balancement de la barque; mais nos cœurs, noyés dans une extase oublieuse, ne demandaient rien au temps qui s'échappait, si ce n'est cette voluptueuse tristesse qui rend les joies des enfans des hommes plus profondes, en les aiguillonnant par l'idée de la brièveté de la vie.

Je disais à ma jeune épouse : « Retrouve en moi ce que tu as quitté; que mon nom que tu portes remplace les cheveux blancs de ton père; que ma tendresse te tienne lieu de famille; que ces bras, qui s'entrelacent autour de ton cœur, redeviennent ta patrie! Toi, tu es tout pour moi : mère, sœur, pays, gloire, puissance, génie! Je n'ai plus de désirs à former à tes pieds : un regard de tes yeux, en pénétrant dans mon sein, en comble tous les vides. Pour moi, le passé et l'avenir s'effacent quand je t'admire, le son de ta voix me fait de chaque moment une éternité, et, s'il me reste un vœu à former, c'est d'être plus capable de t'aimer encore, c'est de m'oublier moi-même, au point de ne plus sentir la vie que par ton cœur! »

Ainsi, mon ame s'attachait à un bonheur imaginaire, et le cherchait dans l'amour, comme elle l'avait naguère rêvé dans la gloire. O puissance de l'imagination, qui me faisait goûter de véritables délices dans ces momens d'ivresse, où je sentais réellement ce qui ne m'était jamais arrivé! Mais aussi quelle amertume, quand le rêve d'or me fuyait et me laissait en proie à la certitude de mon impuissance de convertir jamais mon songe en réalité!

*

Pendant ma convalescence, je sentis un besoin inexprimable d'entendre de la musique; ce désir me tourmentait sans relâche. Des sons harmonieux vibraient dans mes oreilles, de manière à m'importuner; un concert, qui ne s'interrompait jamais et me privait de tout repos, se célébrait dans mon cerveau. Le médecin me dit que la réalité me débarrasserait de la chimère. Je fus ravi de cette ordonnance. Nous avions un chanteur italien très-habile dans la maison; ma mère alla le voir, et fit ses conventions avec lui. On transporta un piano dans une chambre séparée de la mienne par deux autres; l'artiste vint s'y établir chaque soir pendant une heure. Je n'avais pas voulu le voir, de peur que son visage ne me déplût, et que cette impression ne détruisît tout le plaisir que j'aurais à l'entendre.

La première fois, il chanta, d'après ma demande, un air que j'avais entendu aux Bouffes, lorsque j'y avais rencontré ma charmante Isabelle. Plongé dans l'obscurité, je prêtais de mon lit une oreille attentive aux sons qui me parvenaient de cette chambre éloignée. L'artiste avait une voix de ténor; elle avait dans les cordes les plus hautes un son velouté qui me faisait frissonner de plaisir. Je sentis la chaleur de la vie remonter dans mon cœur; un doux repos succédait aux écarts de ma sensibilité inquiète; ce son enchanteur m'avait fait croire à la prompte réalisation de toutes mes espérances. Ce remède harmonieux, employé pendant quinze jours, acheva ma guérison.

*

La réputation que j'avais acquise se dissipe comme une vaine fumée; mon nom est usé! usé, à vingt-deux ans! Que deviendrai-je, grand Dieu! Ah! si je m'étais livré au commerce, j'aurais fait une grande fortune, j'aurais joué un rôle éminent, j'aurais siégé à la chambre, et peut-être au ministère; du moins, j'aurais voyagé, parcouru la terre, vécu d'émotions réelles; j'aurais lutté avec grandeur contre la fortune.

Maudit soit le jour où je me suis avisé d'écrire, maudite soit la première émotion qui m'a inspiré le désir de l'exprimer! Périssent les pensées traîtresses de gloire et d'immortalité qui m'ont plongé dans le bourbier de l'opprobre et de la misère! Que mon premier ouvrage soit dévoré par les flammes; qu'il n'en reste pas une page, une ligne, une lettre, qu'il n'en survive pas une parcelle pour engraisser la terre; que tout en soit détruit; et malheur à la première voix menteuse qui m'a encouragé, et m'a dit, en me montrant le chemin des astres: « Courage, jeune homme! » Que ce flatteur, complice de ma lamentable destinée, soit puni en la subissant lui-même! qu'il brûle d'une soif immodérée pour la gloire, et qu'il ne puisse pas tremper sa lèvre desséchée dans les sources de la célébrité! Qu'il imprime et publie chaque jour! et puissent ses libraires l'accuser avec imprécation de leur ruine, et ses imprimeurs ne pas se souvenir même de son nom sorti mille fois de leurs presses!

*
* *

Ma bonne mère est repartie pour sa province; elle pensait, la pauvre femme, que je ne l'aimais plus; j'ai vu couler ses larmes qu'elle cherchait à me dérober, et j'en ai deviné la cause; elle avait le cœur navré de mon insensibilité. Je voudrais racheter aujourd'hui ces pleurs au prix de tout mon sang. Je t'ai donc affligée, ô excellente mère; toi qui, veuve d'un mari qui n'avait jamais pu faire ton bonheur, par la disproportion des âges et la différence des sentimens, avait mis toutes tes espérances dans ton fils, et attendait de lui la consolation de tes malheurs, le prix de ton dévouement, la couronne de ton âge mûr! Toi qui es accourue de deux cents lieues pour me disputer à la mort, voilà comme je t'ai récompensée! me faisais-tu une question, à peine daignais-je répondre par un monosyllabe; me donnais-tu un conseil, je te regardais fièrement pour t'annoncer que je n'en avais pas besoin; t'asseyais-tu près de moi, je demeurais enseveli dans ma distraction, ou je prenais un livre, te refusant jusqu'à l'espoir de mon entretien; voulais-tu m'accompagner à la promenade, je te laissais partir seule, alléguant des occupations ou la fatigue. Persuadée que ta société était un ennui pour moi, tu es retournée dans ta province avec l'amère et douloureuse pensée que tu avais perdu la tendresse de ton fils. Malheureux que je suis!

Mais d'où venait donc ma froideur? Hélas! de l'ardeur de mon imagination qui me transporte toujours hors du moment présent, m'empêche de jouir du bonheur que je possède, et me livre à des pensées sans fin et sans repos, qui cherchent les perspectives douteuses de l'avenir. Je n'avais rien à dire à ma mère qu'elle ne sût déjà : et j'avais une invincible répugnance à n'ouvrir la bouche que pour répéter des choses anciennes et inutiles. Elle-même n'avait rien à me communiquer de nouveau; je devinais jusqu'aux battemens de son cœur. Elle m'aurait parlé de sa tendresse; est-ce que je ne la lisais pas dans ses yeux, dans ses actions, dans ses soins? Je me bornais donc à sentir et à me taire, content de la savoir près de moi; mais comme cette jouissance même était assurée, je pensais à d'autres biens plus incertains; et cette préoccupation, résultat de l'ardeur vague qui me dévore, a fait toutes les peines de ma mère. Ah! j'aurais dû, sans doute, me faire violence;

réprimer l'élan inquiet de mes rêveries, songer plus à son bonheur, sortir de mon froid égoïsme, et lui dévouer tout mon être. Elle est partie!... et je devrais lui écrire tout ce que je viens de penser là; et je ne l'ai pas encore fait!... et je doute si j'en prendrai le temps, si j'en aurai la force!

*

Assis un soir dans le jardin du Palais-Royal, je vis passer un domestique en livrée que je reconnus pour celui qui accompagnait Isabelle, le jour où je la rencontrai dans la rue Saint-Honoré. Mon cœur palpita avec violence, comme si j'avais vu flotter le bout de son voile. Je me levai précipitamment, et je suivis mon homme, me faisant le valet d'un valet. Il arriva chez sa maîtresse, entra, referma la porte, et je restai adossé à une borne, regardant, à la lueur d'un réverbère, les croisées du premier étage. Bientôt je vis sortir deux messieurs, dont l'un me parut un jeune homme : celui-ci avait son chapeau à la main, parlait avec le ton de la colère, et j'entendis ces mots : « Eh bien! qu'ils cherchent un précepteur! »

Le lendemain, j'entrai chez le portier de l'hôtel de M. D., et je lui demandai d'une voix tremblante, si ce n'était pas dans cette maison que l'on avait besoin d'un précepteur. « Non, me répondit-il; vous voulez sans doute parler du frère de M. D., qui en cherche un pour son fils, vu le départ de M. Dubois. C'est que l'enfant est bien difficile : il n'a que onze ans, et il en était à son cinquième précepteur. Si vous obtenez la place, vous serez le sixième; et je vous souhaite la chance heureuse.

J'emportai silencieusement ces informations; je pris le chemin du boulevard, et méditai sur ce que j'avais à faire. Mes romans ne me fournissaient plus de ressources : j'avais résolu de tenter la carrière politique, et d'écrire dans un journal accrédité; mais il fallait s'y frayer un accès; puis, il était nécessaire de vivre en attendant. Je me déterminai donc à entrer comme précepteur dans une maison considérable.

*

J'ai été agréé. Me voici chez M. M., avec des appointemens assez forts pour être en état de secourir ma mère, de lui rendre la vie plus douce; cette idée m'a soutenu en sollicitant cet emploi. Ces habitudes de luxe qui m'entourent me conviennent à merveille.

*

Hier soir, Isabelle est venue rendre visite à son oncle qui est le père de mon élève. J'étais dans le salon. Madame M. lui a dit : « C'est monsieur qui a remplacé M. Dubois. » Isabelle m'a fait une légère inclination de tête en baissant les yeux, et elle a changé aussitôt de conversation, feignant de parler à sa tante comme si elle oubliait que je fusse là.

J'entendais de près cette voix qui faisait parler mes songes. J'éprouvais la joie mêlée de tremblement que les auteurs de la Bible prêtent aux patriarches, au moment où ceux-ci, assis au seuil de leurs maisons, voyaient, à la chute du jour, entrer un céleste étranger qui leur demandait l'hospitalité et dont ils lavaient les pieds divins. J'étais comme le peintre qui, après avoir médité une tête ravissante, la fait passer sur la toile et rend son inspiration visible.

Mais tandis que je m'oubliais dans l'ivresse de ma contemplation, la mère de mon élève, interrompant tout à coup son entretien avec Isabelle, s'était tournée vers son fils et lui avait dit : « Allez travailler ! » Je compris que c'était à moi que le compliment s'adressait, et qu'on voulait à la fois se débarrasser de ma présence et utiliser un homme qu'on payait. Ma situation se révélait à moi avec la rapidité de l'éclair. Moi qui rêvais l'indépendance personnelle, la gloire littéraire et la puissance politique, être ainsi traité devant la riche héritière à qui j'assignais le rang de ma compagne, dans les audacieux calculs de mon avenir! Mon cœur était troublé dans ses profondeurs par une de ces horribles tempêtes qu'il n'appartient qu'à l'orgueil blessé de soulever dans l'ame humaine.

Je sortis, et donnai une leçon à mon élève.

*

Voilà un enfant qui aura un jour cent cinquante mille livres de rente, et moi, je me débattrai heure par heure sous la main de fer de la destinée. Il me faudra de gigantesques efforts pour conquérir ce que, lui, il obtient avec le soupir qui lui échappe en sommeillant. Il est né tel jour, à telle heure; il se nomme Alfred M.; donc tous les biens de la vie lui sont dévolus; il méritait, avant de naître, de boire dans l'or, de coucher sous des tentures de soie brodées d'argent, de recevoir les soins, les leçons, les respects de cent créatures qui valent mieux que lui, et qui n'auront de forces, de science, de bras, de voix, que pour le servir, le parer, l'instruire et le distraire. Voilà la société! L'inégalité que la naissance met entre les hommes me cause une fureur inexprimable : c'est le fondement secret de toutes mes douleurs, de tout mon désespoir, de toutes mes révoltes contre la Providence.

Avoir toujours près de soi cet enfant dont vous êtes le guide et qui se croit votre maître, dont vous devenez le compagnon et qui ne peut vous servir d'ami : quelle existence! Ce n'est ni le silence ni l'entretien, ni la société ni la solitude; c'est quelque chose entre l'oubli, le repos, l'action et la pensée; c'est un retour forcé à l'enfance, un rapetissement laborieux de toutes vos facultés, une vie qui est clouée à une autre sans s'y unir; c'est le sacrifice de votre jeunesse et le martyre de votre ame engourdie ou déchirée.

Hier, je me promenais à ses côtés dans le parc de son père. La soirée était magnifique. Il était là qui sautillait devant moi, sifflant, cassant les branches d'arbres, m'accablant de questions, m'empêchant de lire, me privant de rêver, ne me permettant pas de me taire et me forçant à entendre ce que je ne voulais pas écouter; et, tandis qu'il faisait de mon ame un de ses jouets, qu'il se servait du trésor de mes pensées et de mes passions, comme du rameau qu'il avait arraché de sa tige fleurie et dont il semait à ses pieds les feuilles et les roses, le globe du soleil s'abaissait sous l'arc du monde, avec d'ineffables harmonies d'ombre et de lumière; l'astre magnifique se berçait, en mourant, dans un horizon vague et transparent où une lumière dorée, fondue partout dans l'air, semblait être l'espace lui-même: on n'apercevait aucun nuage; mon regard se serait égaré avec une inconcevable douceur dans ce vide radieux où rien ne l'aidait à se fixer, océan d'air sans courant, sans vagues, sans rives, fait pour inspirer ces extases poétiques, abîmes d'oubli céleste, dont le coucher de soleil offrait dans la voûte du firmament une sensible image. Les acacias, courbant en parasol leurs feuilles d'un vert clair et tendre; les groupes foncés de marronniers faisant régner la fraîcheur et la nuit sous les majestueuses girandoles de leurs feuillages échancrés; les hauts peupliers élançant en ligne droite leur tige blanchâtre, hérissée de feuilles rares et tremblantes, sur le bord des ruisseaux, dont leur rideau dessinait les caprices; les sapins, les hêtres, les ormes, les tilleuls, voilant le second plan de la scène, avec leurs massifs élevés comme les gradins d'un amphithéâtre, où toutes les teintes allaient se perdre dans le fond sévère et uni de leur verdure entrelacée; des collines à droite, une vallée obscure, sur la lisière d'un grand bois, à gauche; la rivière dans le lointain : voilà le tableau que j'avais sous les yeux; mais il me manquait une ame libre pour en jouir : un enfant me déshéritait de l'enthousiasme.

★

Mes romans m'ont servi à quelque chose : Isabelle les lit en secret; et je remarque dans sa conversation des allusions à mes ouvrages, qui m'enchantent; ses éloges m'ont tellement enflammé que j'en compose un pour elle : j'y peins l'amour qui me brûle; les scènes se font toutes seules ; je n'invente plus, je raconte; je sens, puis j'écris; je suis l'historien de mon cœur; je vis mon roman. Quel plaisir, le soir, de faire renaître la journée qui n'est plus, et de la tirer du trésor de mes émotions pour la rendre immortelle! Quand je cesse de voir Isabelle, je me console de son absence en faisant son portrait. Si je peignais toutes les manières dont elle m'enchante, je retracerais son image autant de fois que l'ombre de ses cils passe sur ses yeux, ou autant de fois que l'amour se cache dans le coin mobile de ses lèvres.

*

J'ai enfin trouvé ce que je cherchais, je suis admis à participer aux travaux d'un journal important de l'opposition ; mon avenir s'éclaircit : il faut que j'arrive au pouvoir; il est évident que le ministère actuel va s'écrouler; il y aura place pour nous sur ses ruines.

N'ai-je pas le tombeau devant moi comme un refuge où j'ensevelirai mes espérances déçues ? C'est ma dernière chance de grandeur et de liberté.

*

J'ai fait un article politique qui a fixé l'attention générale.

Prendre un journal dans un lieu quelconque, et se retrouver partout ; voir son œuvre entre les mains des mille inconnus devant lesquels vous passez ; communiquer ses réflexions à la même heure à un nombre prodigieux d'intelligences ; enseigner à des nations entières ce qu'elles doivent penser d'un événement ; remuer les partis, priver les rois de sommeil, produire l'avenir en racontant le présent : quelle admirable destinée ! Je pressais ma plume entre mes doigts comme un sceptre de puissance et de renommée.

*

Comme cette gloire dont je me vantais s'est rapidement évanouie! je n'avais fait que sommeiller l'espace d'une nuit, et elle n'était déjà plus; à peine l'aurore du lendemain avait-elle brillé, mon article était oublié : c'est un astre qui file, un météore qui s'éteint, un autel renversé, tout cela en vingt-quatre heures. On perd l'empire de la terre aussitôt qu'on l'a gagné; un journal de la veille est moins que l'herbe qui couvre un cercueil; et il n'y a plus que moi qui me souvienne des éloges qui m'ont été prodigués. C'est triste, mais il faut s'y faire.

*

Il s'établit entre Isabelle et moi une correspondance muette, mais bien expressive; maintenant, elle ne peut plus me regarder sans comprendre l'expression qu'elle trouve dans mes yeux; et il faut ou qu'elle ne me regarde jamais, ce qui est impossible, ou qu'elle y lise l'aveu de mon amour; mais si je ne me trompe, nos pensées se parlent depuis long-temps.

Nous avons été mardi dernier à l'Opéra italien. On donnait une pièce qui me rappelait le souvenir de notre première rencontre; j'étais placé derrière

Isabelle, penché vers la scène, haletant de plaisir et d'enthousiasme, ivre de musique et d'amour, j'avais osé saisir son voile, et le couvrir de baisers : une fois, elle l'avait repris ; mais cédant à mes doux efforts pour le reconquérir, elle l'avait enfin laissé entre mes mains et sous mes lèvres. Debout derrière elle, et incliné comme pour mieux voir la scène, je remarquais les battemens de son sein charmant qui soulevait avec plus de force les bordures de dentelles qui en voilaient le chaste contour; un de ses bras repliés effleurait ma main abaissée à dessein : je la posai sur son coude, que je retins captif entre mes doigts au bout desquels tout mon cœur avait volé : c'était comme une lyre dont je pressais les cordes frémissantes, et dont je tirais une inexprimable harmonie, entendue de nos cœurs, et dont celle qui ravissait nos oreilles n'était qu'un écho affaibli. Dans ce moment, j'entendis partir du théâtre mon air favori, celui qui m'avait enseigné l'amour et rendu la santé : ma vie m'échappait en délices; je ne pus retenir mes pleurs ; et une de mes larmes tomba sur le cou d'Isabelle, et peut-être glissa jusque sur son cœur. Je la vis frissonner et s'embellir d'une émotion céleste. O correspondance mystérieuse! gage poétique de notre tendresse mutuelle!

cette larme semblait fiancer nos ames l'une à l'autre; semée par l'harmonie qui est amour, elle revenait à l'amour qui est harmonie. Émanation de ma vie, elle se perdait dans la sienne; il semblait que la mélodie dût présider à tous les événemens de mon cœur.

*

J'ai quitté ma chaîne ; adieu l'emploi de précepteur. La plume du publiciste soutiendra ma fortune. J'ai fait venir ma mère; je l'ai auprès de moi. Oh! qu'il m'est doux de lui rendre légers les jours de sa vieillesse! Je m'occupe de réparer mes torts envers elle; pour effacer le souvenir de ma froideur, un embrassement a suffi. Une mère est peu exigeante : elle ne vous demande que de porter le bonheur dans vos yeux; elle n'a pas même l'ambition de le faire; son unique espérance est d'en être témoin. Elle est fière de vous : c'est chez elle que votre amour-propre trouve le plus de sympathie au monde. L'autorité de la vieillesse est tempérée dans une mère par les graces et par la douceur de la femme. Tandis qu'elle continue à vous aimer, on commence à la soutenir, et on goûte le noble plaisir de protéger l'objet qu'on respecte.

Quand je rentre, le cœur gros des tribulations de la journée, je revois un sourire paisible qui m'accueille. Elle essuie mon visage couvert de sueur; elle verse le baume sur les plaies de ma vanité; elle me montre l'exagération de mes plaintes, m'enseigne la tolérance et le pardon, et diminue la grandeur de l'offense, de sorte qu'elle sait à la fois excuser mes ennemis et consoler mon amour-propre.

Puis, je lui parle d'Isabelle. Une mère est la seule femme devant qui on puisse louer celle qu'on aime, la seule qui désire que celle dont vous lui parlez soit encore plus belle et plus vertueuse que vous ne le dites.

Je dépose fidèlement entre ses mains le fruit de mes travaux. Elle consent à être l'économe de ma fortune, l'intendante de ma maison, la gardienne attentive de ma tranquillité. Nous partageons ensemble nos repas. Sa main chérie veille au soin de mes vêtemens; elle fait régner la fraîcheur, pendant les ardeurs de l'été, sous le toit que nous habitons; elle cultive et arrose les fleurs dont j'aime le parfum, et interdit le seuil de ma retraite aux importunités des fâcheux.

Ma pauvre mère redoute la grandeur de mes déceptions. Elle lit dans mon cœur : elle y a découvert l'impitoyable soif qui le consume, l'ennui de l'obscurité, l'appétit d'un rang plus élevé, le besoin d'agir, l'amour de toutes les jouissances raffinées du luxe; elle prévoit que tous ces liens par lesquels je tiens à la vie, s'ils étaient brisés, me laisseraient rouler sans appui dans un abîme de désespoir, dont elle tremble de mesurer le fond.

Un matin, j'étais sorti de bonne heure, et je l'avais laissée dans son lit. Quand je rentrai, elle était levée, et ne m'avait pas entendu. Sa voix parvint à mon oreille; je m'avançai, et, à travers une porte vitrée, qui donne de sa chambre dans la mienne, je l'aperçus à genoux, devant un crucifix : elle faisait sa prière, et, quand elle arriva à implorer son Dieu pour ceux qui lui étaient chers, mon nom sortit de ses lèvres. Ses yeux alors s'animèrent d'un éclat que je ne leur avais jamais vu; ils avaient une expression surnaturelle; les traces de l'âge et du chagrin disparaissaient de son visage pour y laisser reluire l'ardeur de la foi et la confiance dans un Être tout-puissant :

ses yeux, ses traits, son attitude, parlaient mieux encore que sa bouche. Toute sa personne priait : elle avait les mains croisées et élevées vers le symbole qu'elle adorait. Elle était à genoux, mais dans une pose qui semblait indiquer le désir de son ame de prendre des ailes pour s'envoler vers le ciel. Sa voix avait un timbre particulier que je ne lui connaissais pas ; les intonations en étaient marquées et accentuées à ravir et à déchirer l'ame ; et il sortait de sa bouche des paroles si attendrissantes, pour le bonheur et le repos de son enfant, que je fus pris moi-même d'une émotion qui allait éclater, et que je n'eus que le temps de captiver sous mon mouchoir que je portai à ma bouche. Je me hâtai de sortir, pénétré d'amour et de reconnaissance pour cette bonne mère, et plein de joie de la voir retirer elle-même tant de consolation de ses pratiques de dévotion.

*

Le père d'Isabelle m'a invité à me rendre à leur campagne, jeudi dernier ; j'y suis allé, emportant mon petit roman que j'ai achevé, et qui retrace avec une brûlante fidélité l'histoire de ma passion pour Isabelle. On s'est promené dans le parc; Isabelle, la gouvernante, son cousin qui est mon ancien élève, et moi, nous nous sommes dirigés vers un betit bois, tandis que le reste de la compagnie était allé à une fête dans les environs : Isabelle, qui avait eu un peu de fièvre, la veille, n'avait pas voulu être de cette partie. Son cousin était resté par galanterie : moi, j'avais prétexté le désir de visiter la forèt d'alentour, que je ne connaissais pas. En comptant la gouvernante d'Isabelle, nous n'étions donc que trois dans le bois attenant au parc. Il faisait très-chaud; nous entrâmes dans une grotte tapissée de mousse, où se trouvait, dans un enfoncement pratiqué à dessein, un lit de natte sur lequel Isabelle se coucha, en témoignant le désir de se reposer. Nous nous éloignâmes pour qu'elle pût goûter le sommeil. La gouvernante alla s'asseoir sur un banc, non loin de la grotte et ne tarda pas à s'y endormir. Mon ancien élève, ayant trouvé un âne qui paissait dans une prairie voisine, avait grimpé dessus et l'avait poussé à grands coups de talons dans l'épaisseur du bois. Je restai quelque temps près de la grotte : puis, je me promenai autour du rocher, et j'y trouvai une autre issue que celle par laquelle nous y avions pénétré. Je tremblais ; je regardai la gouvernante : elle dormait profondément ; le cousin ne reparaissait plus, et était probablement galopant au loin dans le bois sur sa monture : je m'introduisis dans la grotte ; mais je ralentis mon pas, pour me donner le temps de me remettre. Le chemin par lequel j'arrivais était une percée obscure dans le roc : je parvins sans faire le moindre bruit jusqu'à l'endroit où Isabelle reposait : elle était déjà endormie ; je m'arrêtai, saisi de respect ; mon audace s'était évanouie : je n'osais plus faire un mouvement ; je craignais de sortir, de peur de l'éveiller ; je tremblais, en restant, qu'elle n'ouvrît les yeux.

Elle était couchée sur le rustique sopha : son corps reposait sur son côté gauche ; sa tête charmante s'appuyait sur l'un de ses bras qui était si près du bord, que je pâlissais de crainte qu'il ne glissât et qu'elle ne vînt à tomber devant moi. Dans cette situation, elle était tout-à-fait tournée de mon côté ; et son corps se dessinait mollement à mes yeux, avec cet abandon du repos et cet oubli de la personne, qui laissent à la beauté un charme que le mouvement de la vie, le soin de la pudeur, et l'intérêt même de la coquetterie, lui ravissent presque toujours ; sa robe d'une blancheur éblouissante tombait en draperie le long de sa couche et se jouait avec grace autour de ses pieds entrelacés comme ceux d'une nymphe qui, même en dormant, se souvient de l'attitude qui convient à une danse légère : son chapeau de paille était jeté négligemment sur un siége grossier à côté d'elle; il ne lui restait pour coiffure qu'une fleur qui appartenait à un bonnet de gaze qu'elle avait porté sous son chapeau; la tige de cette fleur disparaissait dans l'oreiller de gazon qui supportait son front paisible : on eût dit qu'elle sortait naturellement de la mousse, et qu'elle venait d'éclore, sous le souffle de la beauté, pour l'embellir. Le repos du sommeil avait effacé ce pli léger qui se formait sur son front quand elle était éveillée, et dont j'ai parlé comme de la trace d'une habitude d'enfance, qui nuisait quelquefois à l'harmonie de ses traits. Sa bouche à peine entr'ouverte pour laisser passer son haleine disait, à elle seule, ses seize ans, son innocence, sa santé, le sourire perpétuel de son ame. Des feuilles de vigne sauvage qui tapissaient le dehors de la grotte et pendaient, en se balançant au-dessus de la porte, mêlaient le mouvement de leurs ombres sur son visage, à la paix du sommeil. O Corrége! ô Titien! où étiez-vous? vous auriez pris cette beauté endormie pour une copie que la nature se serait plu à faire de vos tableaux. Vous auriez retrouvé en elle ce que vous n'aviez jamais deviné que dans vos inspirations, et ce que vous nous aviez seuls révélé sur la toile.

Pendant que je la contemplais, une source d'eau, qui, placée à quelque distance, tombait des flancs de la grotte sur le sable, faisait entendre son murmure sans cesse renaissant et semblable à lui-même. La fraîcheur que cette cascade invisible répandait sous la voûte du rocher semblait se communiquer à mes sentimens et à mes pensées. Dans le premier moment, je ne pouvais qu'admirer; c'était comme une statue que je découvrais dans le sein de la terre: sa beauté me faisait oublier qu'elle vivait; mais une brise légère, qui passa dans la grotte, souleva les boucles de ses cheveux; elle fit un léger mouvement: je me demandai si mes pensées avaient la force de pénétrer son cœur, de s'insinuer sous les chaînes du sommeil, et de devenir les objets de ses rêves.

O heure délicieuse, la plus douce que j'eusse encore connue dans ma vie! chacun de mes soupirs était une prière; mon ame se brûlait comme l'encens à ses pieds.

J'étais plongé dans cette rêverie religieuse, le visage mouillé de pleurs, l'œil attaché sur Isabelle, lorsqu'elle s'éveilla ; je voulus m'enfuir; mais il n'était plus temps; elle jeta un léger cri d'effroi? —Ah! que vous m'avez fait peur! me dit-elle en rougissant. Je ne pouvais pas répondre. — Vous pleurez? reprit-elle. — Oui, du bonheur de vous admirer! Alors je lui racontai, pour obtenir mon pardon, comment, étant entré dans la grotte pour lui remettre le manuscrit d'un ouvrage sur lequel je désirais la consulter, je l'avais adorée à genoux, et invoquée, dans mon triste pélerinage à travers cette vie, comme les Italiens prient les madones qu'ils trouvent sur la route, afin de reprendre des forces à leurs pieds. Elle était embarrassée ; mon émotion la gagnait, ses yeux s'animèrent d'un feu qu'elle cherchait à voiler sous ses paupières baissées. Elle voulut se lever; je lui pris la main, et m'assis à ses côtés : —Tenez, prenez ce manuscrit, et honorez-moi de vos conseils. En disant ces mots, je plaçais le cahier, qui était en petit format et noué avec des rubans roses, dans les plis de son grand cachemire. Nous échangeâmes quelques mots entrecoupés; nos voix étaient faibles; nous ne savions plus ce que nous disions; sa main tremblait dans la mienne; feignant de ne pas entendre sa dernière parole, je m'approchai : et, comme si c'était par mes lèvres que je dusse l'écouter, je les tournai languissamment vers sa joue... Dans ce moment la voix de la gouvernante se fit entendre sur le seuil de la grotte : je m'enfuis par l'autre issue.

J'avais encore la virginité des sens, je savais tout par l'imagination, j'avais dévoré la vie par la pensée: mais une invincible pudeur m'avait préservé du déréglement des mœurs. Je lui avais donné un baiser fraternel : premier baiser de l'amour, je n'essaierai pas de te décrire, ce n'est que par la réflexion que tu fis mon bonheur!

*

Ce matin, j'ai reçu un paquet cacheté par la poste; je l'ouvre, et j'y trouve le manuscrit que j'avais remis à Isabelle; un billet s'y trouvait joint : c'était la première fois que je voyais son écriture; le billet n'était signé que par une initiale, et ne contenait que ces mots :

« Nous partons pour l'Allemagne ; j'ignore si nous

reviendrons jamais en France; je vous renvoie votre manuscrit que je connaissais avant de le lire. Je suis trop ignorante pour vous donner des conseils. Adieu : est-ce pour toujours?

« I. »

Mon rêve est détruit! Je tâcherai de retrouver dans le travail de l'esprit l'activité qui s'enfuit de mon cœur; mais que penser est peu de chose auprès de sentir! et que la politique paraît aride en succédant à l'amour! Cependant, il n'y a plus que l'ambition qui puisse me consoler du malheur de vivre.

*

Le métier de journaliste n'est guère propre à me guérir de cette malheureuse maladie qui fait mon supplice, de cette confusion d'opinions qui s'entrechoquent dans mon esprit avide de connaissances; de ce doute persécuteur qui ne me laisse reposer, comme l'oiseau de mer, que sur le mât d'un vaisseau battu par la tempête.

Les cœurs jeunes et ardens comme le mien se

persuadent qu'ils sentent ce qu'ils écrivent; et nous défendons de bonne foi une vérité qu'on nous paie à tant la ligne.

Hélas! partout où je voudrai retirer quelque profit de l'emploi de mes facultés, faut-il que je vende mon intelligence et asservisse mon ame? faut-il dans ce monde, quand on est pauvre, se résigner à ne vivre qu'en trafiquant de sa liberté, et que chaque morceau de pain obtenu vous ravisse une portion de votre honneur, coûte un soupir à votre indépendance, et soit une ruine de plus arrachée au sanctuaire inviolable de vos convictions!

Mais si ce monde est partagé entre des intérêts et des bassesses, ma place est parmi ceux qui demeurent couchés sur le champ de bataille et qui cessent d'obéir, ou parmi ceux qui triomphent et sont portés au commandement!

Moi, obéir! et à qui? à ces hommes dont je vois à nu les plaies honteuses, les intrigues méprisables, les abjectes jongleries! J'ai assez vécu dans les entrailles de la montagne; l'éruption a perdu pour mes yeux sa majestueuse grandeur. Je vois comment les réputations se forment, les noms grandissent, les fortunes s'élèvent. Moi qui pose les prenières pierres des colonnes populaires et des arcs triomphaux, je connais le ciment employé aux bases que la terre cache bientôt aux regards du public; et je me dégoûte profondément des hommes.

Transportez-moi dans un lieu où mes yeux s'abreuvent d'une pure lumière! J'ai besoin d'un ciel qui ne soit pas menteur, d'un soleil qui ne se couche jamais! mon Dieu ! mon Dieu! si vous existez, délivrez-moi du flot de mes pensées qui se choquent dans mon sein, qui me font voir tantôt les ombres, tantôt le jour, tantôt le crépuscule. Serai-je toujours le vil jouet des vagues, une bulle d'écume, une paille qui roule sur la cime des eaux, et s'en va se perdre dans l'abîme, une fumée qui tourbillonne au gré des vents et se dissipe? La terre manque sous mes pieds; l'horizon vacille devant mes yeux; toutes les vaines illusions de la jeunesse m'abandonnent, et laissent un vide affreux dans mon ame solitaire qui, dévorée par elle-même, descend toute vivante dans l'enfer!

*

Le ministère est renversé : déjà la plupart de mes

collaborateurs ont pris les devans; ils tendent les mains, pour qu'on leur jette la dépouille des morts : j'attendrai.

Ma destinée est suspendue à un cheveu. Il s'agit non seulement de mon bonheur, mais de ma vie; car c'en est fait si je manque cette occasion!

A l'heure où je trace ces lignes, ceux qui disposent de mon sort peuvent rayer un homme de la liste des vivans, et d'un trait de plume signer ma mort.

Comment ai-je passé hier ma journée? Appuyé sur la rampe de fer du pont des Arts, j'ai regardé le soleil se réfléchir dans l'eau courante. Ses lueurs réflétées par l'onde agitée formaient des cercles étincelans qui se courbaient sur l'eau avec un mouvement perpétuel : c'était un bouillonnement vif et éblouissant, dans une ligne qui traversait la rivière, de lumières tremblantes, d'étoiles argentées qui s'agitaient, tournaient les unes autour des autres, semblaient bondir, s'étendre, renaître, et se succéder continuellement. La rivière, en coulant rapidement sous les arches dont les piliers la divisaient, formait plus loin des sillons presque aussitôt effacés, qui ressemblaient aux plis sinueux d'un serpent : elle tournoyait, s'arrêtait, se riait d'elle-même, frémissait, et redevenait plate et unie à quelques pas plus loin.

Voilà le spectacle que j'ai considéré, avec une attention stupide, près de cinq heures de suite.

Et cette nuit, au lieu de me coucher, je suis resté penché sur une table, occupé à jouer avec la chaîne d'or de ma montre, que j'avais étendue, que je roulais, déroulais en tous sens, en formant mille combinaisons, mille formes avec la disposition de ses anneaux.

C'est un cruel supplice que l'incertitude!

*

Mon sort est décidé. Barbare ironie! c'est ainsi que vous me traitez! Reprenez la place que vous osez m'offrir : j'en trouverai une plus digne de moi dans le tombeau.

*

Une place subalterne dans l'administration!...

voilà la nomination qu'ils n'avaient pas honte de me proposer; et j'ai vingt-trois ans, et Pitt à vingt-un ans gouvernait la Grande-Bretagne!...

*

L'ambition et l'amour me trahissent à la fois. Les journaux m'apprennent le mariage d'Isabelle avec un ambassadeur... Adieu, adieu, ma mère!

Ici s'arrêtait le manuscrit remis à sa femme par M. Saint-Hilaire. Elle était si troublée et si attendrie en achevant sa lecture, qu'elle se leva et descendit dans le parc, pour se reposer de ses émotions, et en savourer, par la réflexion, la douceur mélancolique.

A peine avait-elle quitté sa chambre, que Julien y entra : le manuscrit encore humide des pleurs de sa mère se trouvait sur le canapé! Il le prit; et une fois qu'il eut commencé à en lire la première page, il ne s'arrêta plus, et dévora l'écrit tout entier, non seulement de ses yeux, mais de son ame.

Son père le surprit au moment où il le remettait à la place où il l'avait trouvé.

Julien rougit, et lui demanda pardon de son indiscrète curiosité.

M. Saint-Hilaire avait rougi aussi; mais bientôt, reconnaissant le doigt de la Providence, il se sentit amené par elle à mettre cette circonstance à profit.

« Tu es sans doute curieux de connaître la fin du roman, dit-il à son fils d'une voix affectueuse. Notre bon évêque t'a raconté l'horrible scène dont il fut témoin quand on l'appela près d'un infortuné qui avait voulu déposer le fardeau de ses misères. Rappelé à la lumière de ce monde, j'en découvris en même temps une autre qui est réservée pour les yeux de l'ame, qui descend de l'astre éternel, et qui jette dans les abîmes d'un cœur désolé le jour pur de l'espérance. O mon fils! crois en un père qui a traversé le doute qui accompagne le malheur, et le malheur qui renaît du doute : il est un flambeau pour l'homme voyageur, sur cette terre de passions et de ténèbres. Je n'ai cessé de souffrir et de maudire le jour de ma naissance, que depuis l'heure où j'ai marché à sa bienfaisante lumière. Alors mes désirs impétueux se calmèrent ; je sus attendre. Attendre, ô mon fils!

dans ce mot est tout le secret de la vie. Celui qui ajourne ses espérances pour un monde meilleur est patient envers la destinée. Je vis, d'ailleurs, que toute joie purement humaine est achetée par l'homme, et qu'il met le poids de ses larmes dans la balance où le Ciel lui mesure la gloire. J'appris que nous ne savons pas même désirer; que le char du triomphe roule au bord d'un abîme, et que le naufrage peut nous jeter dans le port.

« J'étais à peine résigné à ne plus vouloir, que Dieu voulut pour moi; j'avais ambitionné la gloire des lettres, je la trouvai en cessant de la chercher. Dès que j'écrivis pour être utile aux hommes et à mon pays en m'oubliant moi-même, la voix solitaire du sacrifice me conduisit, à ma grande surprise, au sommet de la montagne où la solide gloire tresse ses couronnes; j'avais brigué la main d'Isabelle héritière de deux millions : un revers de fortune mit son père ruiné au tombeau. Elle que, sur a foi d'une nouvelle trompeuse, j'avais crue mariée à un grand de la terre, elle revint en France; déjà élevé dans l'estime des hommes, je ne craignis pas d'associer ma destinée à celle d'une pauvre orpheline; et je dus le bonheur à mon amour, dès qu'il fut épuré aux yeux du Ciel par un vrai désintéressement. Enfin j'avais soupiré, avec une inquiète ardeur, pour la puissance politique : si tôt que je connus le prix de la douceur de la retraite et de l'oubli des hommes, ma fuite même me gagna leur estime: livré uniquement à l'exploitation d'un petit domaine, j'avais étudié l'art de la culture : mes efforts couronnés d'un succès inattendu me conduisirent à la richesse : les suffrages de mes concitoyens me portèrent dans cette assemblée d'où émanent les lois de tout un peuple; et moi, qui avais cru jadis arriver à cet honneur digne d'envie par les triomphes du génie, je l'obtins par d'heureux essais dans l'agriculture.

« Vois, mon fils, comme le Ciel se joue de nos ambitions, mêle à son gré les fils de notre destinée, et serit des hommes qui veulent substituer à sa bienfaisante volonté, les calculs de leur imprudent orgueil. Le temps et l'occasion obéissent à Dieu : ce sont ses deux ministres; et ils vengent son grand nom méconnu, dès que nous voulons dépasser la marche de l'un par l'ardeur de nos espérances, ou enchaîner l'autre en esclave au joug de nos désirs.

« Toi, mon enfant, tu as la noble ambition de travailler au bonheur de ton pays, rien de mieux, mais sache discerner les vœux que tu formes pour tes concitoyens, des rêves de ton amour-propre. Avant de réformer la société, commence par te corriger toi-même. Ne juge pas les colonnes de l'État prêtes à s'écrouler parce que l'on n'a pas lu avec faveur les brochures d'un écrivain qui n'a pas vingt ans. Cherche surtout ton appui ailleurs que dans tes forces et dans tes talens; tous les hommes d'État de nos jours périssent par l'excès du soin qu'ils prennent de leur fortune : toi, ouvre les yeux pour mesurer la dignité et le bonheur que donnent en ce monde la sobriété des désirs, la grandeur du caractère, une vie entée sur la vertu : instruis d'exemple tes concitoyens que tu aspires à voir meilleurs; sois religieux, et ose paraître tel; et abandonne le reste entre les mains de ton Dieu. »

Julien fondait en larmes; il se jeta dans les bras paternels; et, lorsque les sanglots qui oppressaient sa poitrine commencèrent à laisser un libre passage à sa voix, — Mon père! vous m'avez sauvé! voyez!—et, tirant un pistolet de sa poche : —Cette nuit, je me donnais la mort.

La Séduction.

LA SÉDUCTION.

« C'ÉTAIT un mois après ton mariage, chère Amélie, qu'un jeune médecin français, M. Anatole d'Erlon, nous fut présenté par madame Derby. Elle était loin de supposer, ma pauvre marraine qui m'aimait tant, qu'elle faisait entrer dans notre maison la fatalité qui préparait ma honte. Mon père était allé porter à lord Kilkenny le prix du bail de la ferme; son voyage devait durer trois mois. Ma mère reçut avec politesse cet étranger que madame Derby nous annonça comme issu d'une famille noble, et comme ayant été, pendant une guerre mémorable, attaché à un corps d'armée; ce qui lui avait valu plusieurs distinctions dont il portait les signes. Depuis le rétablissement de la paix, il venait de quitter le service, quoiqu'à la fleur de l'âge, afin d'écrire sur les sciences et de s'adonner à sa profession qu'il cultivait d'une manière indépendante et élevée. Le but de son voyage avait été d'étudier les progrès de la médecine dans toutes les parties de l'Angleterre.

« Il profita bientôt de la permission qu'il avait reçue de venir nous voir, et ne tarda pas à se rendre agréable à ma mère; car tu connais le penchant de notre pauvre maman à consulter sur la maladie dont elle est atteinte, toute personne qui lui semble capable de la soulager par ses avis ou disposée à la consoler par des signes d'intérêt.

« M. d'Erlon est de cette humeur douce et attentive qui, dans un médecin, plaît aux malades de notre sexe. Sa figure est singulièrement propre à exprimer cette sollicitude mélancolique que le spectacle des douleurs humaines doit inspirer à l'homme dont la profession est de s'en approcher sans cesse, et dont le devoir est d'y penser encore lorsqu'il ne les voit plus ; sa parole respire une gravité qui donne une bonne opinion de ses connaissances, mais que tempère une nuance d'enjouement dont la grace distrait le patient qui l'écoute, l'enlève au sentiment de ses souffrances, et, en le rendant capable d'espérer, l'appelle à contribuer lui-même à sa guérison. Ma mère finit par n'attendre p us que de lui seul le soulagement d'une maladie qui avait défié l'art et les soins des meilleurs médecins de Dublin.

« Sa confiance ne fut pas trompée; en un mois, elle sortit de son abattement profond; et je ne doutai plus, au changement opéré dans sa personne, du rétablissement prochain de sa santé. Ce miracle était dû à un régime sagement ordonné, à des promenades en voiture sur le bord de la mer, aux impressions vivifiantes de l'air du matin, à une combinaison délicate de soins et de prévoyances, en particulier, très-simples, mais puissans par leur suite et leur ensemble. Notre nouveau médecin tenait pour maxime que, supprimer le mal c'était produire la santé, et que son art agissait assez, dès qu'il retranchait tout empire aux causes nuisibles.

« La reconnaissance que je devais au sauveur d'une

mère si tendrement aimée ; son éloge qui partait de ces lèvres chéries ; sa présence renouvelée sans cesse dans notre ferme solitaire ; les agrémens délicats de son esprit qui semblait n'exprimer que la pensée des personnes qui l'écoutaient ; la douceur de son ame qui se peignait jusque dans le son discret de cette voix que l'habitude de parler à des malades avait rendue si caressante pour l'oreille, et qui vous forçait à vous souvenir de tout ce qu'il avait dit ; je ne sais quoi dans toute sa personne de particulier et d'insinuant ; tout cela t'explique, chère Amélie, comment il a su me plaire. Et puis il venait dans notre solitude, au moment où mon cœur n'avait encore d'autres affections que celles que je devais à ma famille, et ne connaissait de la vie que ce que les poètes et les romanciers m'en avaient appris.

« Tu te rappelles avec quelle ardeur je me livrais à l'étude du français. Le vieux maître qui nous en avait enseigné à toutes deux les premiers élémens avait quitté notre voisinage pour aller s'établir à Dublin ; il n'y en avait pas d'autre dans les environs. En me voyant désolée de ce contre-temps qui me laissait sans direction dans mon étude favorite, M. d'Erlon s'offrit pour me donner quelques avis. Ma mère me félicita d'avoir trouvé une occasion de faire des progrès dans le français qu'elle regrettait d'autant plus de ne pas savoir, disait-elle, qu'elle aurait goûté le plaisir d'entendre notre jeune et spirituel savant lui donner des conseils dans sa propre langue. Tu prévois, ô Amélie, les dangereuses conséquences de ces entrevues solitaires que ces leçons, approuvées de ma mère, allaient faire renaître chaque jour. La gravité douce et calme d'Anatole m'inspirèrent en lui une confiance qui augmenta le danger; je t'avouerai mon orgueilleuse imprudence : je fus un peu blessée de sa froideur : je mis quelque coquetterie dans mes procédés à son égard; je cherchai d'une manière détournée à le forcer à s'expliquer, à savoir surtout s'il était marié... car je ne lui avais jamais rien entendu dire qui m'eût éclairée sur ce sujet.

« Mais il se tenait dans une réserve et se retranchait dans un silence qui déconcertaient toute ma curiosité. Cependant il était très-assidu aux leçons qu'il me donnait : nous les prenions dans le petit pavillon rouge qui est au bout du jardin : tu sais quel air embaumé on y respire pendant les beaux jours; nous étions au commencement du mois de mai; des guirlandes de lilas et d'ébénier jouaient autour de la fenêtre entr'ouverte; les chants des oiseaux nous arrivaient avec leurs parfums; le feuillage vert qui nous entourait répandait ce demi-jour que tu connais, chère Amélie, et qui te charmait tant, quand nous venions y chercher un abri contre les chaleurs de l'été: nous lisions ensemble un jour, M. d'Erlon et moi, une tragédie de Racine; je tenais le volume entre mes mains; la finesse des caractères typographiques était telle, que nous étions obligés de les regarder de très-près, surtout Anatole, dont la vue est faible; il voulut tenir aussi le livre, pour mieux l'assujettir sous ses regards; sa main se posa par mégarde sur la mienne que je voulus retirer, mais qu'il retint; sa main tremblait; nos visages étaient tellement rapprochés que les boucles de mes cheveux touchaient son front... Je sentis ses lèvres effleurer ma joue: il me donna un léger et timide baiser; et, sans me dire un seul mot, il reprit la leçon qui, tu le penses bien, n'attachait plus l'attention du maître ni de l'écolière.

« Le lendemain il ne parut pas; le jour suivant se passa également sans qu'il vînt à la ferme; le troisième jour, son domestique m'apporte un paquet: je l'ouvre: c'était un livre français qu'il m'avait promis de m'envoyer; guidée par un secret pressentiment, je lève la couverture, et trouve une lettre attachée à la première feuille. Je l'ouvre en pâlissant. M. d'Erlon m'y demandait pardon de l'offense qu'il avait commise contre moi, de l'égarement passager où il était tombé, et qui lui avait fait oublier le profond respect qu'il me devait; il ajoutait qu'il allait s'en punir, en renonçant à me voir, pendant le peu de jours qu'il lui restait encore à passer dans notre voisinage; et que je lui pardonnerais sans doute si, informée du motif qui le faisait agir, il repartait pour la France sans me faire ses adieux.

« L'amour qui semblait se peindre dans cette lettre, et en même temps ce projet de départ; cette rupture subite; cette prière de lui accorder son pardon, prière qui me faisait mieux sentir la passion que j'avais pour lui; les révoltes de ma pudeur alarmée et combattue par la douloureuse pensée que non seulement je ne le verrais plus, mais encore que sa démarche m'interdisait tout moyen de chercher à le voir: tous ces sentimens se pressèrent en désordre dans mon cœur; l'émotion devint si violente, mon chagrin m'ôta si vite mes forces, que le soir même la fièvre me prit; et le lendemain j'étais tout-à-fait malade.

« Je t'assure, chère Amélie, que je l'étais sérieusement; et que, bien que je ne dusse pas m'affliger en pensant que cette circonstance pourrait me faire revoir M. d'Erlon, ma maladie n'était certainement pas une ruse de l'amour.

« Ma mère, qui ne savait rien de ce qui s'était passé et qui s'étonnait de l'absence inaccoutumée du docteur français, l'envoya chercher ; mais, comme elle n'avait pas dit le motif de cette invitation, il fit répondre qu'il priait ces dames de l'excuser, vu qu'il était tout aux apprêts de son départ. Elle lui récrivit aussitôt pour exagérer, dans sa sollicitude maternelle, la gravité de ma maladie, et le conjurer de se rendre sans délai auprès de moi.

« Il arriva, et fut introduit par ma mère dans ma chambre à coucher; il s'assit, me tâta le pouls qui battait plus vite sous son doigt brûlant; il se leva au bout de quelques minutes, assura à ma mère qu'il n'y avait pas le moindre danger, que je n'avais besoin que de repos. Il allait sortir, ma mère le supplia de lui promettre qu'il reviendrait encore une fois; il parut embarrassé, garda le silence, tourna les yeux vers moi, et finit par baisser la tête, en signe d'adhésion.

« Dès qu'il se fut retiré, ma mère s'assit auprès

de mon lit, me prit les mains avec tendresse, fit l'éloge de M. d'Erlon, en ajoutant qu'il était d'un caractère à rendre une honnête femme bien heureuse. — Est-ce qu'il n'est pas marié? demandai-je timidement. — Non : son valet de chambre l'a dit hier soir à William qui me l'a répété ce matin.

« Le jour suivant, il revint : nous étions seuls. Il prit ma main et la garda; je ne songeais pas à la retirer. Le poison de l'amour commençait à m'étourdir si fort, que je ne me souvenais pas d'avoir existé avant l'heure où je m'enivrais de sa présence. Puis, la conduite retenue de M. d'Erlon m'avait inspiré en lui cette confiance dont je t'ai parlé. Enfin, je dois te l'avouer, puisque j'ai pris le dessein de te confier sans réserve toutes mes actions et toutes mes pensées, je croyais lire dans ses regards la certitude d'être aimée. J'avais appris qu'il était libre; je me disais : S'il m'aime, il peut demander ma main à ma mère. Si je suis fille d'un simple fermier, cependant j'ai reçu une bonne éducation, et j'attends une dot qui n'est pas trop à mépriser. Telles étaient les réflexions qui accéléraient, dans le fond de mon cœur, le déclin de la résistance que j'aurais dû opposer au progrès de ma passion. J'étais toujours étonnée que M. d'Erlon ne m'adressât pas une seule parole qui me fît connaître ses sentimens. Mais son amour se décélait si bien, que son silence même me paraissait un trait délicat de son caractère; mille charmans discours, qu'il ne m'avait jamais tenus, moi, je les avais entendus dans mon cœur.

« O ma sœur! ma sœur! permets-moi de tirer les voiles de la pudeur et du remords sur le spectacle de ma chute et de mon malheur! Qu'il te suffise de savoir que M. d'Erlon revenait chaque jour; que nous étions absolument seuls; que la faiblesse qui accompagnait encore ma convalescence me retenait couchée; que les premiers jours, après s'être contenté de baiser ma main, il devint plus hardi et m'embrassa; qu'un dimanche soir, ma mère étant sortie pour aller faire une visite dans les environs, et tous les gens de service étant absens, il prolongea sa visite au-delà du temps ordinaire; et que rassuré par la solitude, favorisé par l'ombre du soir, égaré par la séduction de cette heure dangereuse, il se pencha vers moi, me couvrit de baisers. Je le repoussai faiblement; l'estime que j'avais conçue de lui m'avait ôté toute défiance; je l'avais vu si réservé, si long-temps maître de lui-même, que je n'étais pas en garde contre les emportemens de sa passion. L'étonnement, le feu de ses caresses, l'état de langueur où j'étais encore, me rendirent incapable de m'arracher violemment au danger : je ne l'avais pas prévu; je n'eus pas le temps de l'envisager; la réflexion me manqua pour m'y soustraire. Je fus jetée dans l'oubli de moi-même.

« A mon réveil, ma honte était consommée. Un gouffre affreux de misère, de déshonneur, de désespoir, se présenta tout à coup devant mes yeux : mes larmes se mirent à couler avec une violence qui l'effraya. Il voulut étouffer ma douleur sous ses caresses; mais je poussai des cris perçans. J'appelais mon père, ma mère, Dieu et tous les saints à mon secours. Il se leva, s'assura qu'il n'y avait personne dans le jardin, s'assit près de mon lit, m'essuya les yeux avec son mouchoir, m'inonda de ses baisers et de ses larmes, me conjura de me calmer, me dit que je lui déchirais l'ame par mes cris et mes sanglots, et que je devais me considérer comme sa femme.

« A ce mot, je lui saisis la main avec une véhémence convulsive, et je m'écriai : — Engage-moi ta foi devant ce Dieu, témoin et vengeur de ton crime!

« Il pâlit, balbutia d'abord quelques mots, reprit ensuite un peu d'assurance, et se rejeta sur l'injure mortelle que je faisais à son honneur, en voulant le lier par un serment.

« Je me sentis indignée : je l'accablai des plus sanglans reproches; je lui ordonnai de sortir, de ne plus reparaître devant mes yeux. Je l'abandonnai à toutes les malédictions du Ciel, et je retombai sur ma couche avec les cheveux en désordre, les membres glacés comme ils le sont par les approches de la mort, et avec ce claquement de dents qui accompagne le délire de la fièvre. Je le sentais à genoux devant mon lit, qui baignait ma main de ses pleurs; mais je ne voulais rien entendre : je le repoussais, en mêlant, aux noms terribles dont je le foudroyais, de courtes interpellations au Dieu de miséricorde que je priais de me pardonner et de me défendre. Anatole, en proie à toutes les passions ensemble, à la volupté, à l'amour, au repentir, à la surprise, au désespoir, se jeta sur un couteau entr'ouvert sur ma table, et menaça de s'en percer le cœur à l'instant si je refusais de l'écouter. Il était prosterné dans la chambre, le bras droit replié sur son sein que touchait la pointe fatale. Le désordre de ses sens éclatait sur sa figure pâle, que blanchissait encore le rayon de la lune qui venait de se lever, et qui, introduite dans ma chambre par la fenêtre qui donne sur le jardin, frappait directement son front; ses yeux, habituellement si doux, lançaient mille éclairs; de grosses larmes roulaient sur ses joues livides; les accens de sa voix, amollis par la supplication, avaient une intonation déchirante... Je lui tendis la main et lui criai : — Anatole, je me confie à toi.

« En ce moment j'entendis le bruit d'une voiture qui roulait dans la cour de la ferme : c'était ma mère qui rentrait. Anatole n'eut que le temps de se précipiter vers mon lit, de me donner un ardent et dernier baiser, et de se jeter dans l'escalier sombre qu'il descendit légèrement. Ma mère entra par l'autre porte. Je feignis de dormir profondément. Après s'être avancée sur la pointe du pied et m'avoir considérée en silence, elle quitta la chambre.

« Une lave de feu coulait dans mon cœur désespéré. Dès que le bruit de sa porte, refermée à clé, m'eut annoncé qu'elle allait se mettre au lit, je me jetai hors du mien, tombai à genoux, baisai la terre à plusieurs reprises, en priant Dieu avec une délirante ferveur. Je me sentais perdue, déshonorée, dégradée pour jamais. L'infamie m'enveloppait; elle avait pris possession de ma vie; je me dévorais, dans ma douleur, au milieu des ombres de la nuit, en proie à cette idée de l'irréparable, qui est l'un des aiguillons les plus poignans du remords; je m'interrogeais avec effroi, pour me retrouver, comme font ceux qui reviennent d'un long évanouissement; je pleurais sur mon innocence détruite, ma gloire envolée, ma pudeur évanouie, ma vertu arrachée, la fleur de mes beaux jours flétrie, la fierté de mon ame rabaissée, et l'estime même de celui que j'avais aimé ensevelie dans le tombeau de mon honneur. L'unique réparation que me promît la destinée était, pour mon cœur, un mélange empoisonné d'idées humiliantes et de sentimens amers.

Ce mariage devenait nécessaire : c'était à moi de l'implorer. Il s'imposait comme un devoir à la conscience de M. d'Erlon; cet étranger pouvait ne s'unir à moi que par un dernier scrupule de délicatesse ou par un sentiment de pitié! O pensées déchirantes, qui ajoutaient l'humiliation au repentir, m'ôtaient le charme de l'espérance, répandaient une ombre funèbre sur ma vie entière, en faisant de ma consolation un supplice, et de l'amour un châtiment!

« C'est ainsi que je passai la nuit. J'inondais le plancher de mes larmes; je me frappais la poitrine, je marchais à grands pas; j'ouvrais la fenêtre pour respirer, voir le ciel, lui demander de m'anéantir, et d'attirer mon ame dans son sein, en la séparant d'un corps souillé. Croiras-tu que la terreur du changement que ma chute avait pu opérer en moi m'inspira l'envie de m'assurer si je n'étais pas devenue un monstre? Je pris une petite glace à toilette posée sur ma table, m'approchai de la croisée, et me considérai dans ce miroir aux pâles rayons de la lune. Je ne vis que des traits gonflés par la douleur, des yeux bouffis par les larmes, des joues ternies par le désespoir. Enfin, aux premières blancheurs du jour, la fatigue vint à bout de calmer l'agitation de mon cœur. Les suaves parfums du jardin, le souffle de l'air frais qui balançait mes chers ébéniers, le chant de mon rossignol favori, saluant l'aurore sous le massif des marronniers, peut-être le besoin d'espérer encore dans la clémence divine, me formèrent un ensemble de sensations plus douces et de pensées plus consolantes. La tempête qui avait remué mon ame s'apaisa. Je me recouchai, et obtins quelques heures de sommeil.

« Quand je rouvris les yeux, le souvenir de mon

malheur me frappa avec la vitesse d'un coup de foudre. La vie me devenait si odieuse, qu'il me semblait qu'elle ne valait plus que je me relevasse jamais de mon lit. J'y restais couchée, regrettant que ce drap qui me couvrait ne fût pas un linceul.

« Lorsque ma mère entra dans ma chambre et vint savoir de mes nouvelles, je sentis un frisson mortel courir dans mes veines. Je crus qu'elle allait me parler de mon crime; je ne me demandai pas comment elle pouvait en être instruite : il me semblait qu'elle ne pouvait l'ignorer, puisque je l'avais commis. Il y avait tant de lumière répandue au dedans de moi sur mon déshonneur, qu'il me paraissait impossible que la nuit du secret le dérobât à la connaissance des hommes. Je disais à mon regard : Tu m'accuseras! à ma pâleur et à mes soupirs involontaires : Vous déposerez contre moi! Puis, ma vie entière avait coulé sous les yeux de ma mère : cette habitude de n'avoir pas dérobé une heure de mon existence à ce regard adoré, me donnait en ce moment la conviction irréfléchie que mon ange gardien, au moment où j'étais tombée dans l'abîme, s'était envolé pour lui apprendre que le bonheur de toute ma vie, objet de ses vœux les plus ardens, était accablé sous les ruines de cette vertu, le but de ses soins les plus tendres, et l'œuvre de ses plus saintes complaisances.

« Aussi, dans l'attente des reproches pénibles qu'elle allait m'adresser, dans la terreur de sa malédiction que je croyais prête à descendre sur ma tête déshonorée, je me mis à fondre en larmes. Bientôt à l'intérêt plein de tendresse et d'affection qu'elle me témoignait comme de coutume, à ses questions si naturelles et si empressées, je sortis de mon illusion, et reconnus qu'elle ne savait rien et ne pouvait rien savoir. Embarrassée alors de lui expliquer le sujet de mes pleurs, je lui dis que je ne savais pas moi-même pourquoi j'en répandais, mais que plus j'en versais, plus je me sentais soulagée : notre pauvre mère attribua tout ce désordre à un reste de maladie, et me fit prendre un breuvage calmant. Ensuite, elle me laissa seule, et je me levai. Je voulus prier; mais l'image du séducteur était entre le Ciel et moi.

« Mon émotion redoublait, à mesure que je voyais s'approcher l'heure à laquelle il venait habituellement : plus de repos pour ma pensée; elle m'échappait comme une feuille d'automne dont s'amuse un tourbillon de vent. J'allais revoir l'homme qui m'avait déshonorée; l'auteur de cette horrible anxiété que j'avais soufferte depuis vingt-quatre heures, l'étranger qui avait pris un droit éternel sur ma vie; je tremblais de paraître devant ses yeux; je me sentais couverte de honte; et je désirais sa présence: et mon cœur volait vers lui avec une impétueuse tendresse. Je le maudissais, je faisais révolter ma fierté contre la tyrannie de son ascendant; je le haïssais de m'avoir forcée à l'aimer; et je rêvais la douceur d'être à lui pour toujours, de couler ma vie à ses côtés, de prendre le soin de son bonheur pour but de mon existence!

« Enfin, j'entendis le trépignement de son cheval dans la première cour; je m'assis, pâle et tremblante. Il monta l'escalier avec plus de lenteur que de coutume; à peine si j'entendais le son de ses pas; on eût dit qu'il effleurait les marches; mais dès qu'il fut arrivé au seuil de ma chambre, il s'y précipita avec vitesse, comme les acteurs qui sortent de la coulisse où ils attendent l'heure d'être émus. Il se jeta sur une chaise à mes côtés, prit ma main, la garda de force, l'appuya sur son sein, la porta à ses lèvres, sans lever les yeux sur moi, ni rompre le silence, et en poussant des soupirs qui jetaient le désordre dans tous mes sens. Je voulus me lever pour reprendre l'empire sur moi-même.

— « O Henriette, me dit-il avec le son de voix le plus doux et le plus tendre que j'eusse jamais entendu, objet sacré de mes respects, reste à mes côtés! tu es mon épouse, ma compagne, mon bien, mon trésor, ma vie même, tu le sais; nous sommes l'un à l'autre. J'ai écrit ce matin à mon bon et vieux père pour l'informer de notre projet d'union. Je ne doute pas qu'il ne nous envoie promptement sa bénédiction à tous deux; mais tu apprécieras le sentiment qui me l'a fait attendre. Dès qu'il aura approuvé nos projets, je supplierai ta mère de consentir à notre union.

« En disant ces mots, il passa son bras autour de ma taille, chercha à faire pencher doucement ma tête vers la sienne, et me baisa sur le cou, malgré mes efforts pour me débarrasser. Cependant, je parvins à m'échapper de ses bras, et je lui dis d'un ton que le remords rendait imposant :

— « Respectez-vous dans celle qui portera votre nom.

« Ces paroles firent monter une vive rougeur sur

son visage; quelques pleurs mouillèrent ses yeux. Il devint aussitôt admirable de retenue, de délicatesse, de soumission; à compter de ce jour, il me témoigna les plus touchans respects; supprimant toute parole qui aurait pu blesser mon cœur par le souvenir de ma honte; prenant sur lui le fardeau du repentir qui semblait réservé à moi seule; paraissant condamner son amour à expier l'égarement qui nous avait perdus tous deux, et implorant de moi l'oubli, comme si j'étais la divinité qu'il s'agissait de désarmer, plutôt qu'une trop faible femme, complice et victime de sa faute.

« Cette conduite m'exposait de nouveau à la plus irrésistible de toutes les séductions : Anatole augmentait ma passion de tout ce qu'il retranchait à la sienne; il s'ennoblissait à mes yeux, tirait une grace infinie de son crime même, me forçait à l'adorer pour m'avoir perdue, et, en me privant du mérite de la vigilance, me détachait de la vertu par le soin qu'il prenait de m'ôter les occasions de la pratiquer. Aussi je retombai dans les piéges de ce silence, et me retrouvai criminelle, sans autre séduction de sa part que le charme fascinant de cette retenue qui détruisait la mienne.

« Quelques mois s'écoulèrent, dans cette vie ardente du cœur, qui vous immobilise dans une éternité d'oubli et vous fait perdre la mesure du temps donné à l'homme pour se souvenir du devoir.

« Nous cessâmes de songer aux soins que me commandait l'intérêt de ma réputation dans le pays. Ma mère n'occupait plus qu'une faible place dans mes affections; toutes mes facultés d'aimer s'abîmaient dans un sentiment nouveau : le monde s'était évanoui de devant mes yeux; je n'habitais plus qu'un seul lieu, celui où il était avec moi, ou plutôt j'étais sortie de cette vie pour tirer mon existence d'un rêve.

« Ma mère m'appela un matin; elle me reprocha d'avoir manqué de confiance en elle, de ne lui avoir rendu compte ni des soins que j'avais reçus de cet étranger, ni de l'impression qu'ils avaient produite sur mon cœur; elle me représenta tous les dangers auxquels je m'étais exposée, blâma sévèrement la conduite de M. d'Erlon qui, s'il n'avait eu que d'honnêtes intentions, comme elle aimait encore à le supposer, aurait dû depuis long-temps s'adresser à ma famille; et elle finit en me déclarant qu'elle allait le prier de s'expliquer positivement, et lui interdire l'entrée de notre maison, si elle gardait le moindre doute sur la droiture de ses sentimens et la pureté de ses vues. Alors elle m'embrassa plusieurs fois, se plaignit tendrement de la froideur que je lui témoignais depuis quelque temps, et, de son cœur pressé contre le mien, je sentis s'échapper quelques étincelles de cet amour pur et sacré qui n'appartient qu'au cœur d'une mère.

« Mais, ô mon Amélie, je te dirai tout : je demeurais glacée auprès d'elle; tandis qu'elle m'embrassait, je m'étonnais de cette invincible torpeur qui engourdissait toute ma sensibilité ; j'attendais, croyant que mes larmes finiraient par couler : mon cœur demeura sec; mes pleurs ne vinrent pas; je ne pus qu'essuyer mes yeux, feindre l'émotion, me jeter au cou de ma mère, la remercier de sa tendresse et de sa protection; mais ce n'était qu'un désir sincère d'arriver à être émue, en agissant comme si je l'étais. Sans doute, la source de mon attendrissement était desséchée; un seul homme avait pris la place de tout ce que j'aimais ou devais aimer. J'étais morte pour ma mère elle-même; et, quand sa voix résonnait à mon oreille, elle excitait ma surprise, comme si une longue absence m'eût désaccoutumée de l'entendre.

« Du reste, je l'assurai que je suivrais en tout

ses conseils. Elle cherchait à me faire parler, et je m'obstinais à me taire; elle touchait une blessure qui saignait de plus en plus à chacune de ses questions. Je ne lui reconnaissais plus le droit de pénétrer le secret de mon cœur et de ma vie. A moi qui avais disposé de ma destinée, elle me parlait d'écueils, comme si j'étais encore au temps de préserver ma vertu; et, du fond de mon naufrage, j'éprouvais un tourment inexprimable à entendre ses avis qui enfonçaient inutilement le poignard dans ce cœur déchiré qui ne pouvait plus se sauver que par où il avait péri.

« Je m'empressai le soir de faire part de cet entretien à M. d'Erlon : nous étions assis à la porte du pavillon; il écouta avec une froide impassibilité mon récit, devint rêveur, puis distrait, puis tendre, puis plus tendre encore; il me regardait, soupirait, baissait les yeux, détournait la tête, et tantôt traçait des lignes sur le sable avec le bout de sa canne, tantôt m'embrassait avec un air moitié suppliant, qui annonçait un secret, un aveu, une prière, qu'il semblait tenir sur le bord de ses lèvres. Enfin, il osa s'expliquer :

— « Ta mère veut que je lui demande ta main ou

que je renonce à te voir : il faut donc que nous nous séparions ou que tu me suives.

« Je lui demandai, en pâlissant, si son père condamnait ses vœux d'union avec la fille d'un simple fermier.

— « Je ne puis m'expliquer, chère ame de ma vie, répondit-il d'un air qui semblait confirmer mes soupçons; j'ai des obstacles de plus d'un genre que le Ciel me refuse le pouvoir d'aplanir en ce moment; mais je mourrais de douleur à tes pieds, si je n'étais soutenu par une espérance.

« Il disait ces mots en me jetant un regard où se peignit toute sa passion. Je perdais la faculté de réfléchir : ma volonté mourante se perdait dans une autre existence qui disposait de mes jours; et je sentis ma vie passer sous cette domination que mon cœur avait déjà subie.

— « Le seul espoir qui me reste, continua-t-il, est que tu m'accompagnes en France.

— « Sans que nous soyons mariés? repris-je avec un douloureux étonnement.

— « Ne le sommes-nous pas? dit-il à voix basse; qu'importe une vaine cérémonie? l'hymen de nos cœurs est formé à jamais devant Dieu : l'amour et la foi sont pour nous, le reste, pour les hommes. Il ne s'agit que de l'apparence, nous la sauverons; si tu y consens, le monde entier t'honorera comme ma compagne; tu en auras le titre et l'autorité; ensevelis dans une délicieuse retraite, nous y attendrons le moment de nous promettre devant l'autel tout ce que nous nous serons tenu loin des hommes; nous coulerons une vie d'amour, d'enchantement, de confiance et de joie, dont l'image fait courir un frisson de bonheur dans chacune de mes veines.

« Je gardais le silence; il continua :

— « Tu m'as dit que tu avais une amie à Paris, et qu'elle t'engageait depuis long-temps à venir la voir; tu as ajouté que ta bonne mère te permettait de saisir cette occasion pour visiter la France. Voici ce que je te propose. Je pars demain; j'irai t'attendre à Portsmouth. Toi, tu témoigneras le désir de profiter de la permission de ta mère, et tu me rejoindras; et nous serons ensemble! réunis pour jamais! compagnons, frères, sœurs, amis, amans, époux, nous nous tiendrons lieu de l'univers!

« Il me pressait dans ses bras et me prodiguait les noms les plus tendres; mais, accablée par une vague rêverie, effrayée de sa proposition, combattue par des idées que je n'avais pas le temps de comparer, emportée loin de moi par son amour, ramenée vers ma famille par le devoir, ma vie ne pouvait suffire aux réflexions de mon esprit, aux désirs de mon cœur, aux troubles de mon ame; je me levai précipitamment, et m'enfuis dans la maison.

« Le lendemain, je reçus d'Anatole une lettre dans laquelle il revenait sur tout ce qu'il m'avait dit la veille, combattait mes scrupules, prévoyait mes objections, me présentait son dessein comme conseillé par le devoir même, et offrait à mon enthousiasme le tableau d'une destinée copiée sur l'image qu'il avait lue dans mon cœur. Il m'indiquait Portsmouth comme le lieu du rendez-vous, et, dans le cas où, dans quinze jours, je ne l'y aurais pas rejoint, me donnait une adresse pour Paris, où je pouvais le retrouver.

« Cette lettre renfermait tout ce qui peut remuer le cœur, éblouir l'imagination, enflammer les sens, endormir la conscience, faire taire le repentir, entraîner à une vie aventureuse, dominer l'ame et la sensibilité d'une femme. J'étais presque folle en achevant de la lire. Dans le premier mouvement, je me serais échappée de la ferme de mon père pour voler dans les bras du séducteur. L'image de ma famille déshonorée par ma honte publique réprima cet impétueux délire.

« Il me serait impossible de t'exprimer ce que je sentis à l'heure où je savais que devait partir M. d'Erlon. Je reconnus en moi la passion à ce degré de violence où elle est la vie même; où tout se rapporte à elle et s'y perd; où tout ce qui la contredit l'exalte : mourir ou vivre avec lui et pour lui, c'était le cri perpétuel qu'elle jetait dans le fond de mon ame. L'herbe où il avait marché me devenait sacrée comme le pavé d'un temple; j'imitais le son de sa voix pour le croire devant mes yeux; mes pensées lui parlaient, et je demandais au nuage passant dans le ciel de lui porter le rêve brûlant de mon cœur.

« Depuis son départ, ma mère évitait de me parler de lui : elle avait sans doute remarqué la profonde tristesse qui s'était emparée de moi, et elle se gardait de nourrir mes chagrins en essayant de les blâmer ou de les adoucir. Cependant j'étais en proie, dans mes heures de solitude, aux plus violens combats : je brûlais de rejoindre M. d'Erlon; errante dans ce jardin que nous avions vu fleurir ensemble, j'entendais sortir, de chaque feuille balancée par le vent, une voix qui m'appelait vers lui; je disais à l'aurore en rouvrant les yeux : Quand le reverrai-je? et à la nuit, à l'heure où je m'endormais pour revoir son image: Périsse ce triste jour traîné dans le deuil de son absence!

« Mais quand j'envisageais ma réunion avec lui dans un pays étranger, l'état de honte et d'infamie où j'allais me placer, selon l'opinion du monde, opinion que ne contredisaient pas les soupirs mal étouffés de ma conscience; quand je me figurais de loin cette grande cité inconnue, agitée par le mouvement de ce peuple où je ne compterais pas un ami et où je serais abandonnée peut-être un jour par M. d'Erlon qui aurait cessé de m'aimer; quand ma fierté se révoltait devant l'image de l'humiliation où me réduirait cette dépendance vis-à-vis du maître de mon sort, cette agonie d'une situation où une attente prolongée et une prière pour qu'il la fît cesser ne seraient pas moins dégradantes; lorsque j'imaginais enfin le désespoir de mes vieux parens, recevant tôt ou tard la nouvelle de mon déshonneur; alors mon sang se figeait dans mes veines; mon pied se collait au sol de ce pays où j'étais née; un regard de ma mère était comme la chaîne de fer qui retient le vaisseau sur le rivage; le nuage d'encens qui fumait sur l'autel du Dieu que j'allais prier me dérobait un fantôme trop aimé; ma couche, transpercée de mes larmes, me criait : Demeure! et je me promettais d'oublier l'étranger, d'étouffer les vœux de ma passion, de renaître à la vertu par le repentir... Et bientôt je reconnaissais plus amèrement cette vérité, que je ne m'appartenais plus; je voyais l'impossibilité de rattacher ma vie au passé. L'auteur de ma honte était e maître absolu de mon sort : celui qui me faisait porter les chaînes du déshonneur pouvait seul les briser; j'étais son esclave; plus de bonheur ou de malheur, de vertu ou de crime à attendre, si ce n'est de lui seul; alors l'ivresse des coupables amours rentrait dans mon cœur pour l'échauffer de rêves impurs. Un souvenir corrupteur s'élevait du sein de mes bonnes résolutions, comme le ver qui sort du fruit qui s'est gâté avant de mûrir; et j'aurais voulu prendre les ailes de l'hirondelle pour voler vers Anatole, et lui livrer mon ame et ma vie.

«C'est dans cette dernière disposition que se trouvait mon cœur, lorsque je me hasardai, un jour, à témoigner à ma mère le désir d'aller rendre visite en France à cette amie qui avait été élevée avec moi dans une pension de Dublin, et qui maintenant, femme d'un Francais et établie dans le pays de son mari, m'avait invitée si souvent à venir passer quelques mois auprès d'elle. Ma mère me retira, comme j'aurais dû m'y attendre, la permission d'exécuter ce voyage. Elle garda le silence sur la vraie cause de son refus; elle ne fit même qu'ajourner mon départ. Le retour prochain de mon père qui serait bien aise de me retrouver au logis, le mauvais état de sa santé à elle-même, qui recommençait à décliner et réclamait mes tendres soins, tels furent les seuls prétextes allégués. Notre entretien ne dura pas long-temps : ma demande ne m'avait coûté que quelques mots; il en fallut peu à ma mère pour l'écarter. Je la quittai sans lui répondre.

« Te peindrai-je l'état de mon ame lorsque je fus placée dans l'alternative de ne plus jamais revoir mon amant, ou de m'enfuir secrètement de la maison paternelle? Cette description serait une chose aussi difficile que l'était alors pour moi, soit la guérison de la maladie de mon cœur, soit un consentement à mon public déshonneur. Je demeurai deux mois livrée au tourment de la plus cruelle irrésolution; mais je fus enfin obligée de prendre un parti.

« O Amélie! Amélie! toi qui as connu le bonheur

inexprimable d'être mère, à la face du Ciel et de la terre, dans un lieu béni par Dieu et honoré des hommes, tu ne saurais imaginer le supplice d'une infortunée qui sent, pour la première fois, tressaillir dans son sein cet enfant qui lui doit l'existence et qui lui donne la honte; de la vie duquel il faut qu'elle demeure seule informée; qu'elle sent croître et grandir dans son sein, tandis que chaque jour, qui avance l'instant où elle jouira du bonheur de le voir, la rapproche de l'heure fatale où son infamie sera révélée! Il n'est aucune des pures et sublimes jouissances de la maternité, qui ne soit mêlée pour elle de crainte, de honte et de remords. Elle est tout épouvantée de ne plus se sentir seule; elle a de moitié dans son secret un confident qui ne peut l'entendre, et un accusateur qui va paraître; elle entrevoit l'avenir avec terreur. Une autre destinée est engagée dans la sienne; son sort à elle-même se détermine de plus en plus; le mépris se dresse dans l'ombre comme un fantôme menaçant; toutes les conséquences de sa chute s'accumulent comme autant de nuages sur l'horizon de sa vie; les chances du secret diminuent; les embarras se multiplient; la responsabilité s'accroît; les devoirs renaissent en foule de la violation d'un seul. Vertueuse Amélie, légitime épouse, heureuse mère, me vois-tu obligée de paraître quelquefois dans la société, à côté de nos anciennes compagnes, jeunes filles riantes d'innocence, libres d'inquiétude, honneur et joie de leurs familles, couronnées de fraîcheur, de pudeur et d'espérance? En vain j'avais déguisé l'altération de ma taille sous des voiles plus amples; en vain je m'étais emprisonnée dans les liens d'un corset, au risque de compromettre cette vie étrangère que je portais dans mon sein; je sentais bien que ma marche était embarrassée; que les formes sveltes, qui avaient fait mon orgueil et accompagné mon innocence, avaient disparu; que je ne ressemblais plus à ce que j'avais été; je m'exagérais encore ce changement, de sorte qu'en prenant parmi les jeunes personnes de mon âge cette place dont j'étais indigne, je n'osais marcher, dans la crainte de me trahir au mouvement pénible de mes pas; je pouvais à peine rester assise, de peur d'être suffoquée; je m'attendais à attirer tous les regards, à être l'objet de la raillerie et du mépris général; je n'avais pas le courage de lever les yeux. Si on m'adressait la parole, je répondais par monosyllabes; j'interprétais les regards, et je tirais de chaque sourire l'augure de ma perte.

« Il m'eût été impossible de cacher long-temps ma situation à l'œil clairvoyant de ma mère, mais à cette époque elle s'absenta pour deux mois. Elle alla rejoindre à Londres son mari qui avait besoin d'elle pour faire des achats relatifs à l'exploitation de la ferme.

« Dès que je me trouvai seule, j'échappai à la contrainte. Je conversais avec mon enfant, ce gage encore invisible d'un amour qui me coûtait tant de douleurs; nous étions maintenant deux à souffrir, lui et moi! Pauvre et chère créature, j'étais bien barbare de trouver aujourd'hui une consolation dans cette idée que mon enfer n'était plus un enfer solitaire! mais mon cœur était dévoré par un tel besoin d'aimer, que je t'adorais avant ta naissance; c'était moi qui avais besoin de ton appui, et, loin de songer que j'allais exister pour mon enfant, je le regardais comme prêt à naître pour moi.

« Cet événement liait à jamais mon sort à celui de M. d'Erlon; je ne rêvai plus qu'aux moyens de m'enfuir et de le rejoindre. J'avais confié mon sécret à la Jenny, cette bonne fille qui était chargée du soin de notre laiterie. Elle m'aimait tendrement, s'attachait à ma fortune, consentait à seconder mes projets d'évasion, et jurait de me suivre en tout lieu; mais ma santé plia sous le fardeau de tant de fatigues, de soins, d'émotions: elle se délabra tout-à-fait; mes forces trahirent mon courage; il me devint impossible de songer à me mettre en route.

« J'approchais du terme de ma délivrance: enfermée dans ma chambre, presque invisible à toute autre personne que Jenny, je me félicitais, dans mon horrible situation, de cette solitude et de l'absence de mes parens; mais un soir, Jenny se précipite dans ma chambre: « Les voici! » s'écrie-t-elle toute pâle et d'un air effaré. A ces mots qui m'annonçaient leur arrivée, j'éprouvai une étrange sensation, mes yeux se fermèrent; il me sembla que je voyais un grand feu allumé, et que les étincelles de cette flamme ardente venaient, en jaillissant, me brûler tout le visage. La réalité était que l'émotion avait avancé l'heure, et d'affreuses douleurs me tourmentaient déjà quand nos parens entrèrent dans ma chambre.

« Mon père, que je n'avais pas vu depuis près d'un an, vint à moi, m'embrassa avec bonté, me plaignit d'être si long-temps malade, et m'exhorta à ne pas toujours rester couchée, sûr moyen, ajouta-t-il, de ne pas reprendre de forces.

« Ma mère s'assit à mon chevet, tira hors de mon lit ma main baignée de sueur, et dit à mon père quelques mots à voix basse, que je n'entendis pas, et qui se rapportaient sans doute à la gravité des symptômes de ma maladie, je m'imaginai qu'elle exprimait un soupçon trop fondé; et toutes les angoisses de l'ame se joignirent pour moi aux supplices du corps. J'expiais ma faute en ce moment, ma sœur; oui, je l'expiais: ce Dieu vengeur, qui seul connaît le martyre que j'ai souffert, sait qu'il m'a fait entrer toute vivante dans l'éternité des peines.

« Ce fut lui sans doute qui, ne voulant pas permettre qu'elles fussent abrégées, à cette heure même, par une mort trop prompte, inspira à mon père l'idée de me faire avaler quelques gouttes d'un cordial qu'il portait sur lui dans un flacon. La vertu de cette liqueur généreuse m'empêcha en effet de succomber à l'épuisement dans lequel les restes de ma vie n'auraient pas tardé à s'évanouir; les douleurs s'interrompirent; la couleur reparut sur mon visage; je pus contraindre mes lèvres à sourire, assurer mes parens que je me sentais infiniment mieux, et les conjurer d'aller prendre du repos. Ma mère voulait à toute force passer la nuit auprès de moi: juge des mortelles frayeurs que dut me causer son insistance. Enfin, sur mes prières redoublées jointes à la présence de Jenny qui fit observer que sa chambre n'était séparée de la mienne que par le corridor qui donne sur la route, et qu'elle était d'ailleurs accoutumée à me rendre, la nuit, tous les soins que ma position exigeait, ma mère céda, m'embrassa plusieurs fois, et sortit avec mon père.

« A peine me trouvai-je seule avec Jenny, que les douleurs se réveillèrent avec une nouvelle violence: elle me porta aussitôt dans sa chambre, et me déposa sur son lit; c'est là, qu'après avoir dévoré d'impitoyables souffrances, sans pousser un seul cri, dans une agonie qui dura toute la nuit, je mis au monde, sur les quatre heures du matin, une fille que reçut en pleurant la pauvre servante deux fois dépositaire de mon secret et de ma vie. J'oubliai tout pour un moment, mon crime, le remords, l'univers, mon amant lui-même. L'ombre, le silence de la nuit, le mystère, et cette contrainte qui faisait violence au sentiment de la maternité, l'exaltèrent en moi jusqu'au délire; Jenny fut obligée de me recommander la prudence. Je pris mon enfant sur mon sein; je cherchais à étouffer ses premiers cris sous mes baisers: je la tenais collée à mes lèvres jusqu'au bord desquelles arrivaient mes larmes, breuvage de sinistre augure, que déjà le nouveau-né s'essayait à recueillir.

« Mais, quand ce premier transport fut passé, je regardai autour de moi; le jour commençait à jeter une faible lumière à travers les vitres; les premiers bruits du matin se faisaient entendre sur le pavé de la route; je reconnus ce grabat sur lequel j'étais étendue, cette chambre, habitation d'une servante; les images du dénuement et du désordre s'offrirent à mes yeux moins égarés; un enfant demi-nu, couvert au hasard de quelques lambeaux de mes vêtemens déchirés à la hâte; une fille de campagne les cheveux flottant sur ses épaules, balançant dans ses bras le nouveau-né qui, le visage encore pâle des souffrances passées, ne faisait plus entendre qu'un faible gémissement; voilà le tableau dans lequel se peignait ma destinée, sombre comme la nuit qui allait disparaître. Je songeais alors aux femmes mariées, dans l'innocence de leurs années, à l'époux de leur choix, à cette famille qui les entoure; dans le moment où elles mettent au monde le rejeton d'un légitime amour; à la présence consolante de cet époux adoré qui se voit revivre dans son sang, et dispute aux embrassemens de sa mère et à l'admiration des parens émerveillés le jeune trésor enveloppé des chauds tissus préparés avec tant de soin à l'avance; je songeais à cet enfant, heureux déjà, avoué, loué, caressé.... au tien, chère Amélie; et, reportant les yeux sur ma fille, je maudissais le jour où j'étais née moi-même.

« Jenny me proposa de porter, avant qu'il fît tout-à-fait jour, mon enfant chez sa sœur qui était mariée, et qui, devenue mère depuis un mois, se chargerait volontiers de l'allaiter : elle ne demeurait, disait-elle, qu'à une demi-lieue de la ferme; et Jenny aurait le temps d'y aller, et de revenir avant l'heure où l'on avait besoin d'elle à la laiterie. Cette proposition était raisonnable; elle devait me tirer d'un extrême embarras; et le soin de mon honneur, plus que jamais menacé par une position où le secret devenait presque impossible, me donnait le pressant conseil de l'accepter; mais je ne pouvais me résoudre à me séparer de mon enfant : je sanglotais dans mon lit; la pauvre fille pleurait aussi en continuant d'insister sur son projet; je me rendis pour un moment, et lui criai, en détournant la tête, de partir vite; mais à peine ses courts apprêts pour la route furent-ils terminés, à peine avait-elle entr'ouvert la porte, que je joignis les mains, avec un geste désespéré :

— « Rendez-moi ma fille! m'écriai-je; et le nouveau-né fut replacé sur mon cœur.

« Il fut convenu que nous tâcherions de l'élever en secret, jusqu'au moment où je serais assez forte pour exécuter mon ancien projet d'évasion. Comme la chambre de Jenny, placée au-dessus d'un hangar solitaire, se trouvait séparée du reste de la maison, je conçus l'espoir de pouvoir l'y nourrir moi-même. Je m'étais assurée qu'en fermant toutes les portes qui conduisaient jusqu'à la chambre de ma mère, les cris les plus perçans de l'enfant ne pourraient arriver jusqu'à ses oreilles. Je vins à bout de réaliser pendant trois mois ce hardi projet.

« Les heures que j'ai passées dans cette petite chambre sont les seules de ma vie qui n'aient pas été tout-à-fait misérables : tenant mon enfant sur mes genoux, tandis qu'il s'abreuvait aux sources de ma vie, je jouissais pour la première fois de l'existence ; je trouvais une puissante distraction à ma douleur; elle s'écoulait avec ce flot de vie qui s'épanchait sur les lèvres de mon enfant; je sentais mon ame allégée; respirant un peu de ma dégradation, je remplissais un devoir; j'étais utile sur cette terre; j'aimais, et j'aimais sans crime; cette innocence que j'avais perdue, il me semblait que je la recouvrais dans le sourire du fruit de mes entrailles; et je croyais voir l'espérance du pardon se peindre pour moi dans ses premiers regards qui cherchaient le ciel.

« Mais le moindre bruit me donnait la fièvre; le son d'une voix qui paraissait s'approcher me forçait à arracher ma fille de mon sein. Je ressemblais, en lui prodiguant mes soins, à l'homme qui vole un trésor, s'arrête, baisse sa tête, s'interrompt, se cache, attend que le bruit s'éloigne, et recommence à dérober et à craindre. Ah! une première faute dénature l'existence entière : votre destinée est un nœud dont les fils s'embrouillent sans cesse; rien n'est plus à sa place accoutumée; toutes les positions deviennent fausses, tous les plaisirs mélangés; tous les devoirs changent de nom.

« Cependant j'avais recouvré la santé, et je me préparais à quitter le toit paternel. C'était une détermination qui demandait tout mon courage, stimulé par la plus dure nécessité et par une indomptable passion.

« Tu sais que mes petits paysages, vendus à Londres, m'avaient rapporté une somme assez considérable. Cet argent, produit de mon travail, m'offrait des ressources suffisantes pour les frais du voyage que nous allions entreprendre. Nos préparatifs étaient terminés, lorsqu'un garçon de ferme étant rentré un soir, tout-à-fait pris de vin, alla se jeter sous le hangar que recouvrait la chambre de Jenny. Le lendemain, de bonne heure, il entendit les cris de l'enfant, et alla raconter le fait à ses camarades qui accoururent. Nous entendions leurs éclats de rire. Jenny effrayée me montra tout ce monde rassemblé sous ses fenêtres; mais, comme ils ne tardèrent pas à se retirer, je ne fis pas attention à cette circonstance. Le récit, en circulant de bouche en bouche, arriva bientôt aux oreilles de ma mère. Elle monta dans la chambre de Jenny; je n'eus que le temps de me sauver dans la mienne. Je l'entendis entrer, et demander à la pauvre femme à qui ce nouveau-né appartenait. Tremblante et à demi morte, je tenais ma porte entr'ouverte pour ne rien perdre. Jenny répondit en balbutiant que cet enfant n'était pas à elle; ma mère la pressa d'avouer sa faute, lui fit observer qu'elle était découverte, que tout recours au mensonge lui était fermé. Jenny ne dit pas un mot de plus. J'entendis ma mère tirer de l'argent de sa poche, et répliquer :

— « Tenez, prenez ceci, et sortez de ma maison; que cet enfant soit le vôtre ou non, vous avez besoin de ressources, je vous en offre; mais, moi, j'ai besoin de servantes qui ne donnent aucun scandale, et je vous congédie. » J'aurais dû m'élancer vers ma mère, lui confesser la vérité, et sauver une réputation offerte en holocauste à la mienne; mais la honte, l'effroi, la surprise, enchaînèrent mes pas et ma voix. Ma seule pensée fut de prévoir que ma mère allait sans doute venir dans ma chambre, et mon seul mouvement fut de retirer ma clé du dehors, et de m'enfermer pour lui faire croire que j'étais sortie. Quelques minutes après, elle frappa à ma porte : je ne donnai aucun signe de vie. Je l'entendis redescendre; et, dès que je l'eus vue traverser la cour, je me précipitai dans la chambre de Jenny; je l'embrassai en pleurant :

— « Je ne veux pas que vous vous perdiez pour moi, non, non!

« Ces mots, entrecoupés de sanglots, n'eurent d'autre réponse que ceux-ci :

—« Dieu sait ce qu'il en est. Partons!

« Après bien des combats que je livrai en vain à son dévouement, j'acceptai son sacrifice. Nous décidâmes qu'elle se retirerait avec mon enfant chez sa sœur, et ferait louer par celle-ci une chaise et des chevaux de poste; que j'irais la rejoindre aussitôt que l'obscurité pourrait protéger ma fuite, et que nous partirions dans la nuit pour Douvres, en prenant, pour gagner ce port, des chemins détournés.

« J'employai le temps qui me restait à préparer deux lettres : l'une pour M. d'Erlon que je prévins en peu de mots de mon arrivée, l'autre pour ma mère; celle-ci, destinée à rester sur ma table, ne contenait que ces trois lignes :

« *Ma chère maman,*

« *Ne soyez pas inquiète de mon sort, je vais en*
« *France. Pardonnez-moi ce départ secret, dont vous*
« *saurez plus tard la triste cause.*

« *Votre malheureuse fille,*

« *HENRIETTE.* »

« Je me réservais, au moment de mon embarquement, de révéler tout le reste à ma mère, et de lui faire connaître l'innocence de Jenny.

« Quand j'eus fini mes apprêts de voyage, je descendis dans le jardin, le cœur plein de cette tristesse qui saisit le matelot quittant le port par une nuit orageuse. Je regardais, en me promenant dans les avenues solitaires, ce toit sous lequel j'avais coulé autrefois des heures si douces, ses murs brunis par le temps et par le souffle des hivers, sa tourelle tapissée de vigne, ses étroites croisées, le bâtiment neuf de la laiterie. J'entendais hennir de temps en temps les chevaux, et mugir nos vaches revenues du pâturage; le chant aigu du coq rompait aussi par intervalles le silence de la nuit. Tous ces aspects, tous ces sons connus étaient autant de liens qui enchaînaient mon ame par l'habitude, et m'avertissaient que rien n'était changé que mon cœur, ni rien de troublé que ma vie; que tout était disposé là, comme auparavant, pour mon bonheur, et qu'il ne me manquait, pour en jouir, qu'une conscience paisible et une ame exempte de passions.

« La lune venait de se lever; mais une vapeur lumineuse, bordée d'un cercle jaunâtre, environnait son disque argenté. Je la considérais avec un sentiment mélancolique; elle n'était pas aussi pure, aussi brillante qu'à l'ordinaire. Je trouvais, par une superstition habituelle au malheur, une harmonie du ciel avec ma destinée; je rapportais l'univers à moi, et croyais les signes célestes, produits par la même cause qui me rendait misérable.

« L'atmosphère était brûlante, le feuillage immobile se blanchissait des rayons de l'astre nocturne; le sable frémissait sous mes pas errans; je disais adieu à chaque bosquet, à chaque arbre, à chaque feuille; j'aurais voulu ramasser de tous côtés mes regrets et mes souvenirs, pour les recueillir et les emporter, afin d'en laisser le moins possible derrière moi. Mais je ne faisais au contraire que les semer partout; mon ame me fuyait, se balançait aux rameaux en fleurs, se cachait dans l'épaisseur des taillis, et glissait sur les pelouses émaillées des petites fleurs du printemps, pour ne pas se séparer des lieux chers à mon enfance. Il me semblait tout étrange de partir seule, d'aller vivre en d'autres lieux, sans ces objets qui avaient toujours frappé mes yeux, charmé mes oreilles; je leur prêtais du sentiment; je leur supposais de la tristesse à cause de ma fuite; si une brise courbait un moment le feuillage, c'était une voix de reproche; si la fleur inclinée sur ma tête s'effeuillait, la pluie embaumée dont elle me couvrait lui servait de larmes; et si la nuit faisait régner le silence autour de moi, cette paix m'offrait l'image du regret même de l'amitié. Je m'écartai du pavillon rouge : il me rappelait mes entrevues avec M. d'Erlon; et, au moment où j'allais rejoindre mon amant, j'évitais, par suite de l'inconcevable état de mon ame, tout ce qui pouvait m'entretenir de lui.

« L'heure du départ avait sonné : je me dirigeai vers la porte de la charmille qui donne sur le chemin de traverse; j'en avais une clé; je l'ouvris, et, près de la refermer, je me tournai vers la maison, et m'écriai d'une voix étouffée par les sanglots : « Adieu, ma mère ! »

« Je trouvai, au bout de l'avenue de peupliers, Jenny qui était venue au devant de moi; je l'embrassai avec l'affection d'un cœur qui avait besoin d'être soutenu et consolé; nous arrivâmes chez sa sœur : la voiture était à la porte; je m'emparai avec transport de mon enfant; sa vue me rendit quelque courage : nous partîmes.

« Je ne te dirai rien de notre voyage en Angleterre, mon récit n'offrirait aucun intérêt. Permets que je te transporte de suite à Douvres, où nous devions nous embarquer; j'y trouvai une lettre de M. d'Erlon; elle était brûlante d'amour, d'impatience de me voir, de douleur de m'avoir si longtemps attendue; il m'annonçait qu'il avait loué pour nous une maison de campagne charmante dans les environs de la capitale. Je fus d'abord enivrée de la vraie et profonde passion que respirait cette lettre; mais à la troisième lecture, je remarquai deux importantes omissions : il ne me disait pas un mot de notre mariage; et ne demandait aucune nouvelle de mon enfant dont je lui avais appris la naissance.

« J'avais pris pour voyager le nom supposé de madame Foster. Ce fut une étrange sensation pour moi quand je m'entendis appeler madame; je sentais que je trompais tout le monde, j'usurpais un titre et dérobais des égards qui ne m'appartenaient pas.

« Quand nous nous embarquâmes, le soleil était sur son déclin. Nous restâmes sur le pont du paquebot, Jenny et moi, à cause de l'extrême chaleur; je regardais s'enfuir les côtes de mon pays, plongée dans une vague rêverie, qu'entretenait le frémissement monotone des eaux; j'attachais mes yeux tantôt sur cette trace argentée que nous laissions au loin derrière nous, et qui finissait par s'effacer, tantôt sur la ligne blanchâtre dessinée par les bords de l'Angleterre qui devenait de plus en plus confuse; et tantôt sur le soleil couchant, près de disparaître majestueusement dans cette masse d'eaux vertes, qu'il éclairait. Ces images d'objets fugitifs se mariaient dans mon esprit aux idées de la patrie que j'abandonnais; du sourire de mes parens que je ne verrais plus; d'une partie de ma vie, qui descendait aussi, comme cet astre déclinant, dans l'abîme où s'engloutit le passé. Mille aimables souvenirs de mon premier âge revenaient flotter dans mon imagination, pareils à ces nuages qui, avant de passer dans la nuit, se teignaient d'une teinte de rose, que leur envoyait encore le soleil, bien qu'il eût disparu. De même que sur cette planche qui me portait, je me trouvais suspendue entre le vaste ciel et la mer profonde, j'étais placée par ma rêverie entre deux existences, l'une qui n'avait plus de place que dans mon souvenir, l'autre qui allait commencer, et dont mes rêves et mes inquiétudes me présentaient une image anticipée. Pour calmer le trouble où ces réflexions jetaient mon ame, je pris ma fille que tenait Jenny ; et sa petite bouche, entr'ouverte par le sourire, me fit oublier un moment le ciel, les eaux, le pays natal, la France, les regrets du passé, et les menaces de l'avenir.

« Nous arrivâmes, par une soirée magnifique, dans le port de Calais ; mon cœur battait avec force en voyant ces fanaux allumés sur la terre étrangère, ces vieilles et grandes maisons d'une cité de France. Quelque chose d'étranger, de nouveau, d'inconnu, se révélait tout à coup à moi à travers les ombres ; je n'étais plus dans mon pays : au moment de se mêler à un autre peuple, on ne se sent plus protégé ; on prévoit que chaque heure de la vie demandera une étude, chaque jour de l'existence un effort ; que vos habitudes ne seront plus celles des autres ; qu'on ne servira plus vos pensées. Ah ! dans cet instant, le souvenir d'Anatole s'emparait de toute mon ame : je voyais dans mon amant mon unique protecteur : être dans son pays, c'était s'unir à lui par l'air qu'il respire, par les mœurs, par le langage ; c'était ne plus trouver aucune image qui ne fît revivre la sienne.

« Nous abordons : le paquebot s'arrête ; les roues

cessent de tourner; les tourbillons de fumée se ralentissent; les passagers se lèvent, s'empressent, se disposent; au milieu du désordre, je dis à Jenny de me suivre; elle tenait l'enfant dans ses bras; nous montons l'échelle dressée contre la plage; arrivée au dernier échelon, je sens une main qui me saisit le bras; je me retourne; et j'entends une voix trop connue me saluer par ces mots. « My dear love! »

« J'étais si éperdue que je demeurais muette; il m'emmenait dans un endroit obscur du quai, sur lequel nous étions descendus; nous marchions à travers des débris de cordages, laissés çà et là dans l'obscurité. Chancelante à chaque pas, il me soutenait, et son bonheur de me revoir s'exprimait par des mots entrecoupés, des exclamations sans suite, des regards pénétrans, qui me rendaient cette ivresse, cet oubli de moi-même, cette magie d'amour qui m'avaient déjà perdue; la pauvre Jenny nous suivait, ayant grand' chaud, sous le poids de l'enfant qui, enveloppé de son petit manteau, dormait dans ses bras; je n'osais me retourner vers elle. Présenter cet enfant à son père, qui n'était pas mon époux, c'est ce qu'un sentiment d'invincible honte m'empêchait de faire. Ah! je commençai à éprouver, dans cet instant, avec une force inexprimable, l'horrible douleur qui accompagne une situation déshonorante; tous les sentimens de mon ame, qui eussent été les plus délicieux et les plus saints de la nature humaine, si j'eusse été la femme de M. d'Erlon, devenaient des sources de repentir, de confusion et de désespoir.

« Enfin, il s'aperçut sans doute de ce qui se passait en moi; il courut vers l'enfant, le couvrit de baisers, sans m'adresser une parole, et le remit dans les bras de Jenny.

« Il nous conduisit ensuite dans l'un des meilleurs hôtels de Calais, où il avait retenu d'avance un logement; et le lendemain nous partîmes ensemble pour Paris. Nous ne fîmes que traverser cette capitale, et nous arrivâmes enfin à une maison de campagne isolée, sur des hauteurs boisées qui dominent le cours de la Seine. Comme je me récriais sur l'effrayante solitude qui environnait cette maison, Anatole me répondit, de l'air le plus naturel :

— « Nous y serons plus libres.

« Ce peu de mots jetèrent une lumière sinistre dans mon cœur.

« Plus libres! répétais-je en moi-même; de quoi?

de faire le mal? Ainsi, il cherche l'ombre et le mystère pour me dérober aux yeux des hommes; il rougirait de faire connaître au monde ses relations avec moi; et il ne rougit pas de me laisser voir qu'il me déshonore : il ne trouve donc rien à éviter dans notre situation après le scandale, rien à ménager hors l'opinion du monde, rien à réparer, si ce n'est ce qui peut le compromettre lui-même!

« J'étais livrée à ces amères réflexions, lorsque nous arrivâmes devant la grille de la maison nouvellement bâtie; nous mîmes pied à terre. Il me conduisit dans les différentes pièces dont elle se composait, et que je trouvai décorées avec ce bon goût qui se sert de la simplicité au profit de la grace. Nous passâmes dans le jardin qui était fort vaste, et à l'entrée duquel je trouvai un corps de logis pour le jardinier et sa femme. Cette jolie habitation n'avait d'autre défaut que d'être tout-à-fait isolée à l'entrée du bois. M. d'Erlon me prévint que ses occupations le rappelaient à Paris. On peut être trompé par l'objet qu'on aime sur toutes choses, excepté sur la vérité de l'amour qu'il vous témoigne; votre propre passion sait bien se reconnaître dans un autre. M. d'Erlon m'aimait réellement, et si je songeais près de lui à ma situation, c'était pour me persuader qu'avec une tendresse si vraie, si discrete, si respectueuse, il ne pouvait manquer de m'épouser.

« Dès qu'il fut parti, j'écrivis à ma mère pour lui faire un récit exact de toute mon histoire, lui faire entrevoir l'espérance fondée que j'avais d'être bientôt madame d'Erlon; et implorer mon pardon pour le déshonneur dont je couvrais ma famille, pour ma fuite précipitée, et pour les peines que je causais à une si excellente mère. Cette lettre, en me forçant de descendre dans mon cœur, d'en parcourir tous les replis, de réveiller tous mes souvenirs, d'envisager toute ma situation, me tira du rêve où la présence d'Anatole m'avait plongée.

« Une autre circonstance ne tarda pas à me faire sentir l'humiliation de mon sort : j'avais épuisé tout l'argent que j'avais apporté d'Angleterre : il ne m'en restait plus pour les nécessités journalières de la vie. Je commençais à entrer dans ma destinée; j'allais devoir à M. d'Erlon mon existence, recevoir de sa main le prix de mon infamie... ô horrible pensée! Quelles épines douloureuses s'enfonçaient peu à peu les unes après les autres dans mon cœur: l'expérience me venait insensiblement. Il y a dans chaque situation malheureuse un ensemble de circonstances qu'il faut traverser pour la bien juger. On reconnaît dans chacune de ses douleurs une conséquence; et c'est ainsi que toutes les misères se tiennent pour tourmenter le cœur et la raison.

« Si j'avais été la femme de M. d'Erlon, rien de plus simple ni de plus doux que de puiser dans sa fortune pour nos besoins communs; mais ce qui est un lien d'égalité dans l'hymen devenait la chaîne de mon esclavage. La dépendance, qui n'enlève rien à la dignité de l'épouse, mettait le sceau à ma dégradation, et c'était justement ce trait d'apparente ressemblance avec la femme légitime, qui révélait mieux à mon ame déchirée l'ignominie de mon état.

« Je me trouvais réduite à une extrémité telle qu'il m'aurait fallu vendre mes effets pour exister. Jenny, qui vit ma cruelle situation, en parla à M. d'Erlon; il déposa silencieusement une somme considérable en or dans mon secrétaire; et depuis, il a toujours continué à pourvoir à mes besoins de la même manière, sans que nous nous soyons jamais entretenus de ce pénible objet.

« Il avait eu l'attention de placer dans le boudoir,

attenant à ma chambre à coucher, une bibliothèque renfermant tous les poètes et tous les romanciers qu'il savait être selon ma fantaisie. J'avais aussi trouvé, dans ce charmant cabinet orné d'une terrasse d'où l'on découvrait une vue magnifique, des pinceaux, des couleurs, et des tableaux dus à nos meilleurs paysagistes; les soins à donner à mon enfant, la lecture, les arts, la promenade : c'était assez pour échapper à l'ennui. Mais, restée seule avec Jenny, j'étais en proie au supplice de la peur. L'isolement de notre habitation me causait d'affreuses terreurs : le retour de la nuit faisait renaître mon tourment. Mon imagination était ingénieuse à combiner tous les moyens par lesquels on pouvait pénétrer dans notre maison, et nous y égorger au milieu des ombres. Je passais les nuits à écouter le silence même. La plainte du vent dans les bois me remplissait d'une vague inquiétude; les hurlemens du chien attaché dans notre cour glaçaient mon sang dans mes veines. Je restais éveillée dans mon lit, l'oreille tendue, songeant aux moyens d'échapper au danger, finissant par croire ce que j'avais craint, par me persuader ce que je rêvais, et par entendre sur l'escalier des pas nocturnes. Les rayons de l'aurore et les premiers bruits des charrettes matinales venaient seuls dissiper les vains fantômes de ma terreur, et me conseiller le repos. Je maigrissais à faire peur. M. d'Erlon, à qui j'avais caché long-temps ma faiblesse, m'arracha enfin l'aveu du motif des insomnies qui minaient mes forces. Huit jours après, je n'étais plus dans cette habitation solitaire; il m'avait placée à Paris dans une maison de santé, dirigée par un médecin de ses amis. Cette maison donnait sur le jardin du Luxembourg. J'y fus reçue sous ce même nom de madame Foster, que j'avais pris pour quitter l'Angleterre.

« Comme c'était un lieu où de jeunes femmes, victimes comme moi de l'égarement des passions, venaient quelquefois recevoir en secret les soins qu'exigeait leur position, on soupçonna vite que j'étais de ce nombre. On aurait pu se tromper, mais on rencontra juste. Je m'aperçus bientôt, au sourire que s'envoyaient les malades et les oisifs qui occupaient la maison, de la bonne opinion qu'ils avaient conçue de moi. Jusqu'alors les autres n'avaient pas servi d'instrumens à mon supplice : mon propre cœur avait suffi pour me le préparer. J'étais déchue et dégradée à mes yeux; mais je n'avais pas encore lu ma honte dans les yeux d'autrui. Cette nouvelle épreuve me parut au-dessus de mes forces. Je me renfermai dans ma chambre. Je voulais d'abord m'enfuir, rompre à jamais avec M. d'Erlon, me soustraire à cette épouvantable destinée; mais bientôt se présentait cette question : Où iras-tu? tu es déshonorée dans ta famille qui ne voudrait pas te recevoir; tu n'as aucun appui dans ce monde qui est un désert et un exil pour les misérables : chargée d'un enfant illégitime, tu seras obligée de te garantir partout du mépris par le mensonge; tu es sous le joug de ta faute; bois, bois l'absinthe et le fiel jusqu'à la dernière goutte!

« Un jeune homme de condition, qui demeurait dans la même maison, chercha à lier connaissance avec moi. Son appartement était vis-à-vis du mien. Sous quelques prétextes, il entra plusieurs fois pour me parler. Je ne tardai pas à deviner ses intentions. Je voulus lui faire sentir qu'il se trompait; il regarda ma froideur comme un calcul. On me fit dans la maison l'honneur de supposer qu'il avait réussi; lui, sans doute, il ne chercha à désabuser personne même lorsque, rebuté par ma fermeté, il eut mis un terme à ses persécutions.

« Une réprimande que je fis, dans une occasion très-insignifiante, à une des femmes de la maison, chargée du service de mon appartement, m'attira avec elle une altercation où, quelque modération que j'y apportasse et peut-être à cause de cette modération même, elle m'accabla des injures les plus grossières, et m'apostropha par les noms les plus outrageans.

« Je reçus à la même époque une réponse de ma mère; elle était d'un laconisme foudroyant, et semblait adressée à une étrangère; pas un mot de reproche; seulement ma mère m'invitait à ne jamais me présenter devant elle, si ce n'est comme épouse de M. d'Erlon.

« J'avais toujours gardé le silence avec lui sur les souffrances que me faisaient endurer les inexplicables retards qu'il mettait à notre union; j'étais déjà tombée assez bas pour ne pas m'avilir par la plainte : j'étais trop fière pour renoncer à la conviction que je serais sa femme; puis je redoutais de m'éclairer; le doute me laissait l'espérance, et je sentais le danger de paraître me défier de ses intentions; mais j'étouffais maintenant sous le frein du silence. Le jour où je reçus la lettre de ma mère, il vint me voir; je lui fis un accueil glacé; je ne pâlissais plus devant lui, comme l'esclave devant son maître; mais l'indignation me donnait un air de résolution que soutenaient dans mon cœur le noble sentiment de la justice, la conscience de ses torts, et le souvenir des intérêts de mon enfant. Il était assis, et il me regardait avec surprise marcher à pas précipités dans la chambre, toucher tantôt à une chose, tantôt à une autre, d'une mine distraite et hautaine, comme si j'eusse oublié qu'il était là. Lorsqu'il me demanda le motif de ma froideur inaccoutumée, je le pris brusquement par la main, et le conduisis devant le berceau de ma fille :

— « Quel nom voulez-vous que porte cet enfant ? lui dis-je d'un air sombre.

— « Expliquez-vous, répondit-il.

— « Vous ne me comprenez pas? lisez!

« Et, lui jetant la lettre que j'avais reçue le matin, je passai dans la chambre de l'enfant ; là, semblable au voyageur qui entend la foudre éclater près de l'arbre sous lequel il avait trouvé un refuge, je tombai dans un fauteuil, avec un cœur gonflé par les angoisses de l'incertitude et accablé sous l'effort de mon courage.

« Il vint me retrouver au bout de quelques minutes : une effrayante pâleur couvrait son visage; ses lèvres tremblaient, pressées l'une contre l'autre, ce que j'avais remarqué être chez lui le signe de la plus violente émotion; il se replaça à mes côtés, me nomma par les noms les plus doux, avec cet accent si tendre qui était comme une corde réservée pour faire vibrer à son gré toutes ses impressions dans mon cœur.

— « Permets-moi de ne pas m'expliquer encore, adorable Henriette; un obstacle, invincible jusqu'à présent, m'a toujours enchaîné. Il ne tardera pas à disparaître, je l'espère; mais, jusqu'à cet heureux jour, mets tes destinées sous la garde de ma tendresse. Veux-tu connaître le but que je brûle d'atteindre? interroge les désirs que tu formes? car si notre union importe à ton bonheur, mon amour est nécessaire à ma vie, et ton bonheur à mon amour; tout ce qui diffère ta félicité retarde ma seule joie sur la terre. Prends pitié de mes souffrances dont je t'avais épargné l'aveu pour ne pas augmenter tes chagrins, et dont je dois te faire confidence aujourd'hui pour te consoler.

« Il disait ces mots d'un air si sincère; sa voix avait une magie si persuasive; son visage, où je voyais rouler des larmes vraies, respirait un si attendrissant mélange de désespoir, de compassion, d'inquiétude et d'amour, que la sécurité rentrait encore une fois dans mon ame subjuguée par le génie de sa passion.

— « Et vous ne pouvez pas, lui dis-je en faisant après chaque mot une pause remplie par mes pleurs et par le temps de les essuyer; vous ne pouvez pas m'apprendre quel est cet obstacle?....

— « Tu le sauras, chère Henriette, le jour où il sera levé; demeure convaincue de son existence, de mon ardeur à l'aplanir, de ma joie à t'apprendre qu'il n'est plus; mais si tu m'aimes encore — il me baisait la main avec cette tendresse qui faisait couler un torrent de vie dans mon cœur — ne m'interroge plus, c'est là toute ma prière : notre bonheur en dépend.

« Voyant que je baissais la tête sans répondre :

— « J'ai eu le malheur de perdre mon père, peu de jours après mon retour de ton pays. Cet événement a mis à ma disposition une fortune assez considérable dont quelques arrangemens, qui n'ont pu être terminés que ces jours derniers, m'avaient jusqu'à présent empêché de jouir. Je t'annonce que je quitte ma profession ; que je vais vivre libre de ses devoirs, dépendant de toi seule; et que, si cela te plaît, nous allons voyager.

« Je ne pus répondre que par un soupir.

— « Et, si tu veux me rendre le plus heureux des hommes, ajouta-t-il, c'est de daigner, dès le jour de notre départ, porter mon nom.

« Je n'avais rien à répliquer, mais mon cœur s'ouvrait à l'espérance.

« Nous partîmes en effet pour l'Allemagne. Nous voyagions avec un appareil d'opulence qui annonçait les grands accroissemens qu'avait reçus la fortune de M. d'Erlon. Il avait attaché à notre service de nouveaux domestiques : je fus obéie et traitée partout comme madame d'Erlon. Je t'avoue, chère Amélie, que, me faisant moi-même illusion, je jouis d'un titre que j'avais tant désiré; cet accord entre le son que j'entendais et le long rêve de mon cœur, me faisait oublier que la réalité n'était elle-même qu'un autre rêve; mais, pour moi, la place de madame d'Erlon était la situation naturelle; et, quand je voyais toutes les apparences me confirmer le droit que je me sentais à l'occuper, j'avais besoin de faire violence à ma réflexion pour me souvenir que tout ce que j'avais gagné, c'était de mieux tromper les autres.

« Cependant l'espérance qu'il venait de me faire concevoir, cette dépendance où j'étais vis-à-vis de lui, cet aiguillon perpétuel que mon cœur trouvait dans le désir d'obtenir de mon amant la réparation de mon honneur, cette vie pleine d'incertitude, l'éloignement de mon pays, la sévérité de ma famille, l'existence de cet enfant qui liait nos destinées : tout concourait à m'enivrer pour lui de la passion la plus violente et la plus durable qui puisse être rêvée par ces auteurs de romans qui peignent l'amour dans l'idéal de sa tyrannie et de ses transports.

« Nous allâmes droit à Munich, où M. d'Erlon désirait se lier avec quelques savans distingués. Comme nous nous établîmes sur un pied très-brillant; que M. d'Erlon était connu en Allemagne par des écrits sur les sciences naturelles, et qu'il avait eu plusieurs lettres d'introduction près de la meilleure société de Munich, nous formâmes bientôt des relations très-étendues : je reçus beaucoup de monde; on me voyait tendrement chérie et honorée de M. d'Erlon; mon sort fit envie : on m'appela une femme heureuse.

« Un enfant d'une force et d'une beauté qui attiraient l'admiration de tout le monde ; un époux renommé par sa science, considéré pour son caractère, et rempli à mon égard d'un respect qui ne se démentait jamais ; un cercle choisi ; tous les avantages et les plaisirs qui accompagnent la fortune : avec tout cela, je semblais posséder ce que les autres rêvent. Mais une position fausse ne saurait donner le bonheur ; la conscience ne se trompe jamais ; car, chère Amélie, la félicité ne réside pas dans la nature des choses qu'on possède, mais dans le sentiment du cœur qui en fait jouir.

« Plus j'étais rapprochée, par les honneurs auxquels m'appelait M. d'Erlon, de la situation qui était l'objet de tous mes désirs, plus le regret de ne pas l'obtenir devenait cuisant. Je ne goûtais aucune des douceurs qui se répandaient sur ma vie, parce que mon ame était livrée tout entière au regret de les usurper par un mensonge. Représente-toi, chère sœur, un homme qui recevrait la plus brillante récompense d'une belle action dont tout l'univers le croirait l'auteur, mais qu'il n'aurait pas accomplie : les louanges dont son nom circulerait chargé seraient démenties par son cœur; la gloire et les honneurs qu'on entasserait sur sa tête le revêtiraient d'éclat, mais glisseraient à la surface de sa concience sans y faire entrer la joie. J'étais dans la même impossibilité de jouir de ce que je possédais, et de recevoir ce qui m'était donné.

« J'étais, d'ailleurs, livrée au trouble perpétuel que me causait la crainte d'être démasquée; quelque accident inattendu pouvait éclairer la société de Munich sur mon compte; cette préoccupation m'empêchait de me livrer avec abandon aux prévenances et aux marques d'estime qu'on me témoignait; je devais surveiller toutes mes paroles, et songer tantôt comment je répondrais à une question, tantôt comment je détournerais un entretien; naïve et franche par naturel, fourbe et dissimulée par position, je jouais un personnage difficile et humiliant, que je détestais et qui m'amenait à me mépriser moi-même.

« J'avais fait la connaissance d'une dame âgée, nommée Mme Hebel. Elle était douée d'une tendresse de cœur et d'une fraîcheur inépuisable de bienveillance qui la rendaient plus jeune que nombre de femmes qui comptaient moins d'années qu'elle. Bien que je ne lui eusse jamais parlé de mes chagrins, elle me consolait par sa présence. Il n'y a ordinairement que l'agitation qui se communique, mais la tranquillité de son ame pure avait aussi la propriété de s'insinuer dans le cœur des autres. L'exemple de sa vie sereine agissait à la manière d'un beau site dont l'aspect seul vous fait participer au calme de la nature. Elle ne se contredisait jamais. Il était facile de voir que ses opinions et ses sentimens formaient un tout complet et harmonieux, et que chacune de ses paroles découlait d'un principe fécond qui vivifiait son ame. Quel que fût le sujet qu'elle abordât dans la conversation, elle y répandait une lumière qui éclairait une infinité d'autres questions dont elle n'avait pas dit un mot. En l'écoutant, je m'appliquais ses maximes : si elle louait la vertu, je sentais qu'elle me condamnait; si elle me louait moi-même, je brûlais d'être ce que je paraissais. Je tombai près d'elle dans une mélancolie tout-à-fait différente de la tristesse que j'avais éprouvée naguère. Ma douleur ne venait plus tant de la crainte d'encourir le mépris, et davantage du repentir de l'avoir mérité.

« Je voyais plus rarement M. d'Erlon : il recevait un grand nombre de lettres; il changeait de couleur en lisant l'adresse de quelques unes. S'il était avec moi quand on lui apportait celles-là, il ne les décachetait pas; mais il s'enfermait pour les lire, et sans doute aussi pour y répondre. En même temps, il devenait plus réservé et plus silencieux. Il n'en fallut pas davantage pour me persuader qu'il avait cessé de m'aimer; j'allai jusqu'à m'imaginer que peut-être il songeait à se marier avec une autre. La jalousie s'empara de moi, et je désespérai de l'avenir.

— « Il n'y a pas de douleurs, me disait souvent madame Hebel, que l'idée d'une autre vie ne puisse soulager; car on est à demi consolé, dès qu'on est persuadé qu'en souffrant, on achète de ne plus souffrir. Il ne dépend pas de nous d'éviter le malheur qui vient des choses; mais il serait toujours en notre pouvoir d'échapper à la douleur qui vient de nous-mêmes, je veux dire à celle qui suit une situation contraire à la vertu. L'effort seul est un acte de mérite : cet effort nous console. La moitié de l'ame qui souffre est soutenue par cette autre moitié qui combat et qui s'estime; notre attention se distrait du mal par le soin de le surmonter; et nous amassons dans cette lutte un trésor digne de suppléer à ce que nous pleurons. L'essentiel pour la vertu, c'est de ne pas se montrer meilleur qu'on n'est; si on s'imposait l'obligation de toujours ressembler à sa réputation, on ferait les plus grands efforts pour rendre vraie cette bonne image de soi, qu'on trouve peinte dans l'opinion des autres. Se conduire comme si on était vu de tout le monde, ce serait un acheminement à cette vertu plus relevée qui porte le chrétien à toujours agir comme s'il était en présence de son Dieu.

« Tels étaient les conseils de cette bonne dame; ils m'apprirent qu'il fallait savoir subir le mépris des hommes, si c'était à ce prix que le Ciel mettait son pardon; que chaque jour aggravait mon crime, et me laissait moins de temps pour le repentir; que je m'avilissais aux yeux de M. d'Erlon en souffrant la durée de notre liaison; et que ma patience à attendre une réparation me rendrait indigne de jamais l'obtenir. Je résolus donc d'avoir une dernière explication avec lui, et de lui laisser le choix entre notre union immédiate et une séparation éternelle.

« J'entrais, un soir, dans un salon de Munich.

« Je vis une certaine agitation se manifester à mon approche : les femmes se penchaient les unes vers les autres; quelques unes se cachaient le visage derrière leur éventail; la maîtresse de la maison parut extrêmement embarrassée quand je l'abordai. Je m'assis: un désert se fit autour de ma chaise; le silence régna, interrompu seulement par quelques chuchotemens. Je pâlissais, incertaine quelle attitude prendre, lorsque l'excellente madame Hebel, touchée de pitié, vint s'asseoir à mes côtés, et me dit : —« Sortons, et je vous expliquerai ce qui se passe. Quelques minutes après, nous nous échappâmes au milieu du mouvement produit par l'arrivée de plusieurs personnes. En descendant l'escalier, je rencontrai deux femmes de ma connaissance qui montaient. J'en vis une pousser le coude à l'autre; et elles détournèrent dédaigneusement la tête, quand je passai près d'elles, afin de me témoigner qu'elles ne voulaient pas que je leur parlasse.

« Madame Hebel entra dans ma voiture.

—« Vous ignorez donc, me dit-elle, la raison de l'accueil qu'on vient de vous faire?

« Elle s'arrêta quelques instans; j'étais si émue et si tremblante, que je ne pouvais lui répondre. Elle reprit, en triomphant de son hésitation :

— « C'est... c'est que la nouvelle s'est répandue que... que vous n'étiez pas mariée avec M. d'Erlon.»

« Il me sembla que la foudre, long-temps suspendue sur ma tête, déchirait le nuage, et qu'enfin, aux lueurs sinistres de la tempête, je voyais plus clair dans ma destinée. Je ne versai pas une larme ; je ne m'évanouis pas de saisissement. La crise qui s'opérait dans mon sort me donnait de l'énergie ; je compris à l'instant qu'il fallait que M. d'Erlon se décidât. L'excès de mon infortune me donnait raison contre lui, et je ne savais pas mauvais gré à la destinée qui me justifiait par le malheur et la honte, dans toutes les représentations que je lui avais faites.

« Je demandai froidement à madame Hebel comment ce bruit était parvenu à Munich. Elle m'apprit que c'était un général français, de la connaissance de M. d'Erlon, qui, arrivé récemment dans cette ville, avait assuré et su faire croire à qui avait voulu l'entendre, que nous n'étions pas mariés.

« Je ne songeai pas à déguiser la vérité vis-à-vis de madame Hebel; j'étais lasse de tromper; je lui répondis :

— « La nouvelle est vraie.

« Nous restâmes quelques minutes dans le silence.

— « Peut-être vais-je perdre, repris-je, tout votre intérêt et une amitié qui m'était si précieuse; mais Dieu est juste, et ne me ravira que des biens dont j'étais indigne.

« Elle était si saisie, la bonne dame, qu'elle fut quelque temps sans pouvoir me répondre; elle ne parlait que par exclamations, signes de son étonnement.

« La maison que nous venions de quitter était éloignée de la mienne. J'eus le temps de lui raconter mon histoire ; en la terminant, je ne pus retenir mes larmes. Le désespoir reprenait le dessus. Elle s'en aperçut, et chercha à me consoler :

— « Ce que vous avez à faire, c'est de demander, ce soir, à M. d'Erlon quelles sont ses intentions, et de le quitter demain, si demain il ne vous conduit pas à l'autel. Vous, au moins, vous étiez libre. Il est un grand nombre de femmes moins excusables que vous; à celles-là il était plus facile de sauver les apparences. Vous avez été plus punie, et vous avez mieux expié. Si l'estime publique était le seul prix de la vertu, vous seriez sans doute à plaindre en ce moment. Mais se repentir et avoir souffert, ce sont là deux grands titres de pardon aux yeux de celui qui nous humilie par les larmes, et nous purifie par la honte, en nous tenant compte de nos retours vers lui. L'estime de la société est un bien d'ici-bas. Elle suit quelquefois la vertu, rarement le remords, souvent l'hypocrisie. En être privé est un malheur, mais non une faute. Les hommes ne voient que les dehors de la conduite : le Père des miséricordes lit seul au fond des cœurs. Votre vie a été longue par la douleur; mais elle peut l'être plus encore par la vertu : l'éternité est dans le moment où l'on revient à Dieu.

« L'admirable femme exerçait le sacerdoce près de mon cœur. Je baignais ses mains de mes pleurs, et elle me pressait tendrement dans ses bras, en répétant sans cesse : —Pauvre enfant!

« Nous arrivâmes chez moi, je fis demander si M. d'Erlon était rentré; on me répondit qu'il l'était : alors madame Hebel m'embrassa, m'exhorta au courage, et je la quittai. Je trouvai M. d'Erlon dans le salon, étendu, un livre à la main, sur le divan; il se leva, étonné de me voir rentrer si tôt :

— « M. d'Erlon, lui dis-je, je suis chassée des salons de Munich ; je pars pour rejoindre ma famille.

— « Expliquez-vous.

« Je lui racontai en peu de mots ce qui m'était arrivé. Il se précipita à mes pieds, enlaçant mes genoux de ses bras tremblans.

— « Ne pars pas, mon adorable Henriette, ne me quitte pas ; nous sommes unis jusqu'à la mort.

« Et se relevant, il se mit à marcher d'un air égaré dans la chambre, comme s'il était pris d'un accès de folie.

— « Nous allons quitter Munich, cette nuit ; nous irons au bout du monde, s'il le faut, pour que tu sois heureuse et respectée.

— « C'en est assez, repris-je ; je viens de vous dire que je retourne dans ma famille.

« Il s'arrêta devant moi ; son regard, qui était habituellement plein de langueur, étincelait.

— « Tu m'appartiens !

— « Grand Dieu ! voudriez-vous me retenir de force ?

— « Non, par l'amour, par l'amour! Mais tu ne veux pas ma mort, et je ne puis vivre sans toi.

— « Sans moi!

« Je proférai ces mots avec l'ironie de l'indignation.

—« Ma honte est donc nécessaire à votre existence?

— « Ah! s'il m'était permis...

« Il s'arrêta.

— « Parlez donc, m'écriai-je.

« Mais il se taisait : je vis qu'il ne voulait pas encore s'expliquer, je me précipitai dans ma chambre, et j'en fermai la porte. Ce fut alors que je t'écrivis mon premier billet pour t'annoncer mon arrivée. Quand je revis M. d'Erlon le lendemain, je refusai de l'entendre ; je ne voulus pas lui adresser une parole. Mais, quand je me disposai à sortir pour aller chez madame Hebel afin qu'elle m'aidât de ses conseils sur les moyens de retourner en Angleterre, je le trouvai sur mon passage.

—« Où vas-tu?

—« Où il me plaît d'aller.

— « La calèche est à la porte, nous allons partir pour la Suisse.

— « Je veux retourner en Angleterre.

— « O Henriette! Henriette!

« Et il se jeta de nouveau à mes pieds avec tous les signes d'une passion délirante.

— « Laissez-moi partir, ou je m'enfuirai.

« Il embrassa mes genoux, me couvrit de ses pleurs : c'était l'image d'un enfant désolé qui s'attache au voile de sa mère. Il me menaça de se tuer devant moi, si je l'abandonnais.

« Je fus encore obligée de différer de quelques jours mon départ. Du reste, quand je lui faisais quelques questions, toujours même obstination à se taire, même prière d'attendre le moment où l'obstacle qui l'empêchait de s'unir à moi serait aplani, et où il pourrait parler. Ces scènes violentes se répétèrent plusieurs jours pendant lesquels il voulait me forcer à partir avec lui pour la Suisse, et où, moi, j'insistais pour retourner en Angleterre.

« Enfin, il me dit : — « Si j'étais sûr que tu ne m'oubliasses pas et que tu fusses prête à revenir avec moi, dès que je pourrai t'épouser, je te laisserais partir.

« Je lui fis le serment qu'il me demandait. Alors il consentit à briser mes chaînes.

« Je me mis en route le lendemain. Je t'épargne le récit de nos adieux. Tu n'as jamais connu les images de l'amour, si tu ne te figures pas le désespoir de M. d'Erlon. Dans l'espace des quatre heures qui précédèrent mon départ, il me conjura plus de cent fois de renoncer à mon voyage, de rester avec lui. Il sanglotait, il me contemplait dans une sorte d'extase de douleur; puis il courait s'enfermer; et je l'entendais pousser des gémissemens qui me déchiraient le cœur. Il y a beaucoup de bien dans cette ame-là.... mais enfin il ne me reste plus qu'à attendre auprès de toi qu'il décide de mon sort, et qu'un fatal mystère s'éclaircisse.

« Voici, chère sœur, le récit que j'avais à te faire. Tu connais ma destinée, comme je la connais moi-même: je ne t'ai pas déguisé un événement, une émotion, une faute; j'ai traduit en paroles les battemens de mon cœur. Pleure de honte d'avoir une sœur si coupable; moi, je pleure de reconnaissance d'en retrouver une si vertueuse et si compatissante. »

C'est ainsi qu'une jeune Irlandaise, nommée Henriette Harding, dont nous connaissons maintenant les malheurs, parlait à sa sœur Amélie Nerton, mariée à un avocat de Londres, qui l'avait vue arriver un soir chez elle, accompagnée de Jenny et de son enfant. Amélie l'avait reçue avec les transports d'une véritable tendresse; et il avait été convenu qu'elle séjournerait dans la maison d'Amélie, jusqu'à ce que son destin fût éclairci.

Du reste, Henriette avait supplié sa sœur de ne pas informer ses parens de son arrivée.

Elle ne tarda pas à recevoir de son amant des lettres passionnées comme ce cœur dont elles étaient les vives images. Il lui annonçait une décision très-prochaine; elle, de son côté, lui exprimait les sentimens de repentir dont elle était pénétrée. La religion et l'amour qui s'unissaient maintenant dans son cœur se reproduisaient dans ses lettres. Le feu d'une tendresse humaine y animait la peinture de sa foi même, et l'élévation de ses croyances y donnait plus de profondeur aux expressions de son amour.

Leur correspondance dura quelques mois d'une manière assez suivie; puis, M. d'Erlon cessa d'écrire. L'aurait-il abandonnée ? serait-il malade? serait-il mort? Henriette fuyait les regards, ne se plaisait qu'avec son enfant, et ne sortait que pour aller au temple voisin où elle retrouvait l'amour dans la prière.

Enfin, elle reçut de M. d'Erlon une lettre conçue en ces termes :

« Henriette, il faut nous dire adieu pour toujours; je ne sais comment me résoudre à accabler ton ame de douleur, ni comment surmonter celle qui m'oppresse; mais il faut parler. J'inonde ce papier de larmes qui brûlent mes yeux en s'échappant; elles sont de feu: elles seraient de sang, si elles exprimaient bien mon désespoir.

« Apprends, cher et malheureux objet de la plus profonde passion, apprends que, lorsque je t'ai connue, j'étais déjà marié...

« Tu me regardes comme le plus vil et le plus infâme des hommes; oui, accable-moi de ta haine et de ton mépris; il n'est pas de châtiment suffisant pour moi dans ce monde et dans l'autre, puisque j'ai pu faire le malheur et causer la ruine d'un être aussi aimable, aussi charmant, aussi divin que toi.

« Mais daigne lire cette lettre jusqu'au bout; et écoute la justification du plus infortuné des hommes. Je n'ai pas médité un lâche et abominable piége contre la vertu : j'ai été entraîné par la flamme la plus ardente qui, dans aucun temps et dans aucun lieu, ait jamais remplis un cœur d'homme. Avant de te connaître, j'étais uni avec une autre femme; mais cette femme m'avait indignement trompé; j'avais les preuves de son abominable conduite qui me déliait de la foi que je lui avais jurée. J'ai demandé devant les tribunaux un divorce que les lois autorisent. De l'issue de ce procès qui a duré jusqu'à ce jour dépendait ma liberté... J'ai perdu ma cause; je demeure enchaîné. La mort, mais une mort mille fois plus affreuse que celle qui éteint les flammes du cœur dans les ténèbres du tombeau, nous sépare à jamais. O Henriette! Henriette! si tes lettres où respire une vertu céleste n'étaient pas sans cesse devant mes yeux et sur mon cœur, la terre pèserait déjà sur ce cœur déchiré de mes propres mains.

« Adieu; je ne sais plus quel titre te donner; celui de *ma vie* est le seul qui demeurera éternellement vrai. O malédiction sur les caprices du sort! car nous étions nés l'un pour l'autre.... Infortunés que nous sommes!... Réponds-moi, par pitié, ou tu ne tarderas pas à apprendre la fin de ton malheureux ami.

« A. D'ERLON. »

Henriette survécut peu de mois à cette lettre. Sa raison s'était éteinte sous le choc du malheur ; on la voyait traverser, le matin, le parc de Saint-James, vêtue de blanc, pour se rendre à la chapelle catholique. Ses beaux cheveux noirs étaient abaissés, en forme de voile, sur ses yeux, comme pour la dérober aux regards du mépris. Arrivée à la chapelle, elle s'agenouillait devant l'autel, et restait là jusqu'à ce que sa famille envoyât quelqu'un pour la tirer de cette situation. « Le prêtre n'est pas venu. » C'était là sa constante et unique réponse à la personne chargée de la ramener. Elle pensait sans doute à cette cérémonie de l'hymen, qui avait été l'espérance fixe de sa vie.

Les caresses qu'elle prodiguait à son enfant tenaient de la fureur. Si on retirait alors sa fille de ses bras, elle se bornait à répondre d'un air surpris et indigné : « Je suis madame d'Erlon. » Puis, ses pleurs se mettaient à couler comme un ruisseau de neige sur la pente d'un volcan. La fièvre la consumait. Elle s'échappa une nuit, au cœur de l'hiver, pour se baigner dans une petite rivière qui traversait une campagne où Amélie l'avait fait transporter. L'eau était presque glacée : elle disait que ce froid lui rendait la vie.

En approchant de sa fin, elle retrouva sa raison.

Ses parens vinrent recueillir ses derniers soupirs ; et leur bénédiction, mêlée au pardon qu'elle implorait, adoucit dans cette heure fatale l'amertume de ses remords. La dernière parole qu'elle fut capable d'entendre, c'est l'assurance qu'on lui donna que la pauvre petite orpheline serait recueillie et élevée par sa sœur.

La Calomnie,

COMÉDIE EN CINQ ACTES.

2e ÉDITION.

PERSONNAGES.

LORD WILSON, ministre secrétaire d'État.
SIR ROBERT OSWALD, membre de la chambre des communes.
ARNOLD, journaliste.
LE DUC D'OXFORD, frère du roi.
M. LION, avocat du roi.
JAMES, valet de chambre de lord Wilson.
LADY SUNDERLAND, belle-sœur de lord Wilson.
HÉLÈNE, fille de lady Sunderland.
MISTRESS PATTERSON, veuve d'un vice-amiral.
JENNY, sa cousine.

(La scène se passe à Londres.)

LA CALOMNIE.

ACTE PREMIER.

(Salle qui conduit à la chambre des communes.)

SCÈNE PREMIÈRE.

MISTRESS PATTERSON, JENNY.

MISTRESS PATTERSON. Oui, j'attends ici l'honorable miss Sunderland. Elle n'avait pas encore visité l'enceinte de l'antique édifice où le Parlement britannique se rassemble pour délibérer sur les lois qui intéressent l'honneur et la prospérité du pays. Milady a bien voulu me la confier, en me chargeant de l'agréable soin de l'accompagner dans la visite que sa curiosité voulait rendre à ce vénérable palais.

JENNY. Je profiterai, ma cousine, de cette favorable occasion pour vous tenir compagnie.

MISTRESS PATTERSON. J'ai lieu de croire qu'une autre personne va se joindre à nous. C'est un jeune homme de ma connaissance qui m'a demandé la faveur de lui procurer des entretiens avec miss Sunderland, de la même ardeur qu'un malheureux, près d'être submergé, implorerait une main secourable pour le retirer de l'abîme.

JENNY. Je sais la fin de votre pensée. Vous m'avez déjà parlé de ce monsieur.... Comment?... Sey... Sey... Son nom m'échappe.

MISTRESS PATTERSON. Seymour.

JENNY. C'est cela. Mais ne craignez-vous pas de vous attirer les reproches de la famille de l'honorable miss, en facilitant à ces jeunes gens l'occasion de se trouver ensemble, et en couvrant de votre présence le secret de leurs entrevues?

MISTRESS PATTERSON. J'ai mes raisons pour agir ainsi. Vous savez, Jenny, que je n'agis pas à la légère, et que j'ai toujours passé dans notre famille pour savoir corriger, par les calculs de ma prudence et par l'habileté de ma conduite, les rigueurs de la fortune.

JENNY. Je ne l'ignore pas. Mariée à un sous-officier de marine, brave contre l'ennemi, mais timide devant ses supérieurs, exact à ses devoirs, mais négligent sur ses intérêts, vous fûtes obligée de remédier aux inconvéniens de sa fatale insouciance en faisant valoir vous-même auprès du gouvernement l'éclat de ses services, l'autorité de son mérite, la justice de ses droits. Aussi M. Patterson parvint-il en peu de temps au grade de vice-amiral.

MISTRESS PATTERSON. Hélas! devenue veuve, je me vis dans l'obligation de pourvoir encore une fois à ma destinée. Alors, j'obtins une pension, mais tellement modique, que je me trouvai tout appauvrie du souvenir de mon opulence passée. Je travaille aujourd'hui à me faire une situation plus douce et plus appropriée à des besoins qui s'augmentent avec le nombre de mes années.

JENNY. Espérez-vous y réussir en prêtant la main à une liaison entre l'honorable miss Sunderland et M. Seymour?

MISTRESS PATTERSON. Ils s'aiment si purement, ces deux nobles créatures, que cela fait du bien à l'ame, seulement de les entendre. Mais quelque intérêt que leur attachement mutuel m'inspire, je ne l'aurais pas favorisé, si je n'avais pas entrevu là-dedans une combinaison de circonstances qui peut avoir pour moi une issue très-utile. Mais chut! voici miss Sunderland qui paraît au bout de cette galerie. Je n'ai qu'une recommandation à vous faire, Jenny; c'est d'oublier ici son vrai nom, et de vous souvenir qu'elle est dans ces lieux miss Alton.

JENNY. Ce n'est pas moi qui trahirai son incognito.

SCÈNE II.

LES PRÉCÉDENTES; HÉLENE.

MISTRESS PATTERSON. Ma cousine et moi, nous vous attendions avec une grande anxiété. Je tremblais qu'il ne vous fût arrivé quelque accident en route; quelquefois un cheval peut s'emporter ou s'abattre, une roue se briser, le cocher maladroit d'une autre voiture accrocher la vôtre : les rues de Londres sont si pleines de tumulte et de danger ! Enfin j'étais tout inquiète pour la sûreté de votre aimable personne. Que je suis heureuse de vous voir !

HÉLÈNE. Vous avez trop de bonté.

MISTRESS PATTERSON. Vous n'avez pas froid ?

HÉLÈNE. Non, je vous remercie. (A part) Il ne vient pas.

MISTRESS PATTERSON. Vous n'êtes pas enrhumée ?

HÉLÈNE. Non, Dieu merci. (A part.) Je ne vois personne.

MISTRESS PATTERSON. Et notre aimable et charmante demoiselle a bien reposé cette nuit ?

HÉLÈNE. Parfaitement ; je vous rends graces.

MISTRESS PATTERSON, à Jenny. Quel doux vermillon colore ses joues ! Chaque jour semble l'embellir.

HÉLÈNE. Madame...

MISTRESS PATTERSON. Ce ne sont pas là des complimens ; c'est le plaisir de vous admirer qui fait sortir tout naturellement la vérité de mes lèvres.

HÉLÈNE, apercevant Arnold. Ah !

MISTRESS PATTERSON. Plaît-il ?

HÉLÈNE, feignant de tousser. Cela n'est rien.

SCÈNE III.

LES PRÉCÉDENTES, ARNOLD.

MISTRESS PATTERSON, *à part à Hélène.* J'aperçois M. Arnold. Souvenez-vous bien de ne pas vous trahir. (*A Arnold.*) Bonjour, Monsieur. (*A part.*) N'oubliez pas que vous êtes ici M. Seymour.

ARNOLD. Ces dames prétendent-elles transgresser cette loi injurieuse à leur sexe, qui leur défend d'assister aux délibérations du Parlement? Au surplus nos législateurs, trop enchantés de vous avoir pour témoins de leurs travaux, n'oseraient se priver de votre présence de peur de se punir eux-mêmes en vous punissant.

MISTRESS PATTERSON. Nous ne poussons pas l'audace aussi loin que vous poussez l'art de dire des choses agréables. Nous ne sommes pas venues pour entendre des orateurs, mais pour voir les lieux où ils parlent.

ARNOLD. J'aurai le plaisir, si vous m'en accordez la permission, de vous accompagner. Je connais les places occupées par les différens partis qui divisent la chambre : je pourrai vous montrer le siége où s'endort sir Francis Évans qui interrompt le cours des débats parlementaires par le bruit injurieux de son sommeil, et qui, s'éveillant pour voter, opine avec d'autant plus de passion, qu'il n'a rien entendu.

MISTRESS PATTERSON. N'en dites pas de mal : il est un de mes protecteurs.

ARNOLD. Je vous ferai voir le banc où lord Clapham vient chaque soir écrire des billets doux, et d'où il apostrophe ses ennemis par les reproches les plus amers, tout en envoyant à ses maîtresses les noms les plus tendres : ce qui lui fit commettre un jour cette double méprise d'écrire à l'une de ses correspondantes. « Vous êtes vendu à la couronne! » et de s'écrier en se tournant vers l'un de ses adversaires : « O adorable coquette! »

MISTRESS PATTERSON. Taisez-vous : il a contribué à faire nommer mon mari vice-amiral.

ARNOLD. Vous verrez derrière le banc des ministres la place remplie, sinon par le talent, du moins par la corpulence du plus gros orateur de la chambre, M. Peter Bates, membre à la bouche d'or, qui cherche un droit d'asile dans la chambre pour ne pas payer ses dettes; qui tire sur les ministres par chacun de ses votes un bill payable à vue; qui déjeune à l'intérieur, dîne à la trésorerie et prend le thé à la guerre; et qui...

HÉLÈNE, riant. Ah! vous êtes peu charitable!

MISTRESS PATTERSON. Arrêtez, M. Bates m'a fait obtenir ma pension.

ARNOLD. Je ne vous parlerai donc que de sir Robert Oswald, homme indécis dans ses actions, plein de fermeté dans ses discours, ménager de sa popularité comme l'avare l'est de son trésor, patriote par amour de célébrité, démocrate de salon, dont l'éloquence tonne en faveur des droits du peuple, et dont la main serre affectueusement celle des ministres; qui se pose comme arbitre entre tous les partis, en se faisant gloire d'être tout seul du sien; et qui, avant de se dévouer à son meilleur ami, se demanderait : « Qu'en pensera-t-on ? »

HÉLÈNE. C'est bien lui !

ARNOLD, étonné. Vous le connaissez ?

HÉLÈNE, regardant mistress Patterson. Oui, un peu.

ARNOLD. Quant aux ministres, si je commence par lord Wilson...

HÉLÈNE. Grace pour celui-là, c'est mon...

MISTRESS PATTERSON, l'interrompant après lui avoir fait signe.

Assez de politique, monsieur Arnold; n'avez-vous rien de plus intéressant à nous dire? (Elle s'éloigne comme pour parler à Jenny, et laisse miss Sunderland et Arnold ensemble).

ARNOLD. Ah! miss Alton, mon cœur est si plein du bonheur d'être près de vous, que je crains même de le diminuer en l'exprimant. Mais qu'avez-vous? vos yeux annoncent une inquiétude soudaine. Vous avez pâli.

HÉLÈNE à part à mistress Patterson. J'ai aperçu mon oncle.

MISTRESS PATTERSON. Venez tous avec moi vers cette porte de la galerie.

SCÈNE IV.

LE DUC D'OXFORD, LORD WILSON.

LE DUC D'OXFORD. Vengez-moi.

LORD WILSON. De quoi, mon prince?

LE DUC D'OXFORD. D'un insolent.

LORD WILSON. Son nom?

LE DUC D'OXFORD. D'un misérable.

LORD WILSON. Son nom?

LE DUC D'OXFORD. D'un téméraire, d'un barbouilleur de papier.

LORD WILSON. Mais son nom, mon prince?

LE DUC D'OXFORD. D'un pamphlétaire, d'un calomniateur, d'un meurt-de-faim, d'un gibier de Newgate, d'un vil gazetier, d'un...

LORD WILSON. Mais son nom, encore une fois, mon prince?

LE DUC D'OXFORD. Est-ce que je ne vous l'ai pas dit?

LORD WILSON. Vous ne m'avez décliné que ses qualités.

LE DUC D'OXFORD. C'est Arnold, le rédacteur de l'*Evening-Post*. Il ne cesse de s'attaquer à moi de la manière la plus mensongère et la plus insolente. Chaque soir, ses colonnes sont remplies d'anecdotes calomnieuses sur mon compte. Il me représente comme me faisant arrêter par les constables dans les tavernes, où je serais couché sous la table, à demi mort d'ivresse ; ou comme poursuivi, traqué dans les rues de Londres par une meute de créanciers lâchée à mes trousses : je deviens la fable de la cour, la risée du peuple anglais. Hier encore, il a raconté que le cheval sur lequel je traversais Hyde-Park a été saisi sous moi, par autorité de justice : ce qui est une atroce calomnie; car c'est au jeu que j'ai perdu ma jument alezane ; et je l'ai envoyée le lendemain matin au duc de Dorset qui me l'avait gagnée.

LORD WILSON. Mon prince ! cette insolence m'indigne, mais...

LE DUC D'OXFORD. Punissez ce scélérat d'Arnold, et faites tomber la plume des mains de tout diffamateur tenté de l'imiter.

LORD WILSON. Cela est impossible.

LE DUC D'OXFORD. Comment, moi, le frère du roi, traîné impunément chaque soir dans la boue!

LORD WILSON. C'est une infamie, une audace détestable, un malheur que je ne saurais trop déplorer; mais chez nous la presse est libre.

LE DUC D'OXFORD. Horrible pays, où il n'y a plus rien de sacré pour les hommes, où la licence des gazetiers s'emporte à des excès abominables, où la majesté du rang ne met plus à couvert de leurs attaques; où il ne vous sert même d'être prince du sang que pour être en butte à de plus furieuses, de plus indécentes, de plus lâches calomnies. L'Angleterre est perdue si cela continue.

LORD WILSON. Oserai-je parler à Votre Altesse avec la sincérité qui convient au poste auquel S. M. a daigné m'élever?

LE DUC D'OXFORD. Je vous écoute. C'est une société qui se dissout.

LORD WILSON. Je n'ai pas renoncé, depuis que je suis premier ministre, aux maximes que j'ai professées vingt ans sur les bancs de l'opposition. La liberté de la presse avec tous ses écarts est une des conditions de notre gouvernement. Il faut bien que les hommes publics expient les avantages de leur élévation. Le droit de les insulter est la consolation de leurs inférieurs et l'occupation de leurs envieux. Cette malheureuse satisfaction, donnée à la bassesse et à la haîne, contribue à la paix de la société. Le silence du mépris est le meilleur bouclier à opposer aux traits de la calomnie. Pour moi, je suis bien résolu à me taire, si elle se déchaîne contre mon administration ou ma personne. Je n'en éprouve pas moins la plus profonde douleur de ne pouvoir faire rendre à Votre Altesse le respect qui est dû à son rang auguste; mais la législation...

LE DUC D'OXFORD. Eh! qu'ils attaquent les ministres, tant qu'ils voudront; mais qu'ils épargnent au moins la famille royale!

LORD WILSON. C'est là mon vœu le plus ardent.

LE DUC D'OXFORD. Milord, je voudrais vous voir attaqué dans votre honneur, dans votre probité, dans ce que vous avez de plus cher au monde: nous verrions si vos maximes tiendraient bon.

LORD WILSON. Mon prince!...

LE DUC D'OXFORD. Je vous dis que c'est un état social qui tombe en dissolution. Vous ne pouvez me rendre justice. Je vais la demander aux tribunaux. Un prince du sang!...

SCÈNE V.

LORD WILSON.

Ces attaques contre le frère du roi sont fâcheuses: mais il faut avouer que le duc se conduit bien mal.

Voilà comment la chose arrive; on donne prise contre soi; la haine s'empare de vos torts, l'exagération tourne en calomnie; mais soyez irréprochable, et vous ne serez jamais diffamé.

SCÈNE VI.

LORD WILSON, ARNOLD.

LORD WILSON. Ah! c'est vous, monsieur Arnold. Le duc d'Oxford est furieux, et il a raison de l'être.

ARNOLD. Que m'importe ?

LORD WILSON. Vous savez que j'ai toujours défendu la liberté de la presse. Mes discours à la chambre des communes, pendant ma vie parlementaire, font foi de mes principes sur cette question. Ces principes ne varieront jamais; cependant, si j'accorde aux journaux le droit de contrôler librement les actes de l'administration, je leur conteste celui de diffamer les personnes.

ARNOLD. J'entends. Mais ma doctrine à moi et mes amis, c'est que le pays a grand intérêt à peser la confiance qu'il doit placer dans ses ministres ou dans ses princes; si les uns sont des ignorans ou des fripons, les autres, des joueurs, des ivrognes, ou des libertins, mon devoir est de leur appliquer leur nom sur le dos, en gros caractères, pour que toute la nation le lise, le répète et l'apprenne par cœur.

LORD WILSON. Et si vous vous trompez?

ARNOLD. Dans ce cas, ceux que nous accusons à tort sont avertis de ne pas devenir ce que nous pensions qu'ils étaient. C'est encore un avantage pour eux.

LORD WILSON. Vous déconsidérez l'autorité; vous affaiblissez le respect qui lui est dû; vous préparez des bouleversemens. Un bon citoyen, un homme d'honneur doit à sa patrie et à lui-même de ne pas accuser légèrement les dépositaires du pouvoir ou les héritiers de la couronne.

ARNOLD. Ce que vous nommez bouleversement, moi, je l'appelle progrès.

LORD WILSON. C'est cela, une révolution au profit de vous et de vos amis.

ARNOLD. Volontiers.

LORD WILSON. Puis-je entendre de sang-froid un pareil langage? De jeunes hommes à qui l'expérience n'a pas fait grisonner un seul cheveu sur la tête, aspirent de gaîté de cœur à la réforme d'un royaume; ils ébranlent les colonnes de l'édifice, au risque d'être écrasés eux-mêmes sous les ruines; ils abusent de leurs talens pour porter le trouble dans les familles, semer l'insulte et la colomnie, exciter dans le cœur du pauvre le découragement et l'envie; attiser la révolte... et tout cela, au nom de l'amour de la patrie.

ARNOLD. Oui, tant que nous aurons une plume entre les mains, nous ferons pâlir sous leurs dais les souverains despotes; sur les marches du trône les princes qui courent les tavernes; sur leurs tribunaux les juges vendus au pouvoir; sur leurs bancs constitutionnels les ministres apostats...

LORD WILSON. Apostats!... Est-ce à moi que ce mot s'applique?

ARNOLD. Ramassez-le, si vous le trouvez à votre adresse.

LORD WILSON. Insolent! Je sais que vous faites un crime à l'ancienne opposition d'avoir remplacé les ministres tombés, comme si le triomphe de l'opinion que nous soutenions dans le parlement ne dévait pas naturellement nous amener à succéder aux vaincus.

ARNOLD. Vous reniez vos maximes ; vous livrez le pays à la royauté ; vous en subirez la peine.

LORD WILSON. Je brave vos menaces. Calomniez-moi, Monsieur, calomniez, faites votre métier.

ARNOLD. Je vous avais toujours ménagé : je me souvenais de vos anciens services ; mais il est temps que votre tour arrive.

LORD WILSON, *troublé.* Que dites-vous ?

ARNOLD. Que nous ne serons pas embarrassés pour vous citer au tribunal du juge souverain.

LORD WILSON. Soit : être épargné par vous finirait par devenir un déshonneur.

ARNOLD. Ce mot est une déclaration de guerre.

LORD WILSON, *avec calme et dignité.* Je vous livre ma vie et mon honneur. Cherchez par où les attaquer ; je les laisserai se défendre eux-mêmes.

(Il s r

SCÈNE VII.

ARNOLD.

Nous allons mettre à l'épreuve ton superbe stoïcisme (Il regarde sa montre.). Les heures s'écoulent, et je n'ai que tout juste le temps nécessaire pour composer mon journal de ce soir.... Aussi bien, voici l'imprimeur qui vient chercher le manuscrit; et il est suivi par des solliciteurs qui auront imploré la faveur de marcher sur ses traces pour savoir où me rencontrer. Je vais les congédier lestement.

SCÈNE VIII.

ARNOLD, LE GARÇON IMPRIMEUR, UN MEMBRE DE LA CHAMBRE DES COMMUNES, UN AUTEUR, UNE COMÉDIENNE ET SA FILLE.

(Ils entrent tous à la fois et se disputent à qui occupera les places à droite et à gauche d'Arnold. Parlant tous ensemble.)

LE GARÇON IMPRIMEUR. Monsieur, il est temps de

mettre sous presse; veuillez me remettre les feuilles du jour...

LE MEMBRE DE LA CHAMBRE DES COMMUNES. Monsieur, dans l'exposé que vous avez présenté de la séance d'hier, il s'est glissé une inexactitude que je vous prie de...

L'AUTEUR. Monsieur, voici près de trois mois que j'ai eu l'honneur de vous faire hommage d'un ouvrage nouveau que j'ai publié, et dont vous aviez bien voulu me promettre de rendre compte...

LA COMÉDIENNE. Monsieur, permettez que je vous présente ma fille qui débutera demain au théâtre de Drury-Lane, dans un rôle pathétique...

ARNOLD. Messieurs et Mesdames, mille pardons; mais la nature m'a refusé un don qui me serait bien précieux en vérité, car ce serait une grande économie de temps, je veux dire celui d'entendre plusieurs personnes qui parlent à la fois. Nous allons établir une hiérarchie...Ça, viens ici, toi, petit garçon; (le garçon imprimeur s'approche. Arnold semble se dire à lui-même les paroles suivantes:) Je n'ai plus que l'article de fond, les nouvelles étrangères et la chronique à rédiger : c'est le tiers du journal; et il s'agit de laver la tête à deux rois qui méconnaissent leurs devoirs, de faire la leçon à trois peuples qui n'osent faire valoir leurs droits, de renverser chez nous le ministère... Il me faudra bien pour cela une demi-heure. (*A l'imprimeur.* Mon ami, passe chez moi sur les midi, tout sera prêt. (*L'imprimeur sort.*)

ARNOLD. A vous, monsieur le membre de la chambre des communes.

LE MEMBRE DE LA CHAMBRE DES COMMUNES. Monsieur, je viens vous prier, en ma qualité d'adversaire du ministère, de veiller à ce que mes discours soient rapportés plus fidèlement dans vos colonnes.

ARNOLD. Votre dernier a été répété textuellement.

LE MEMBRE DE LA CHAMBRE DES COMMUNES. Oui, textuellement comme je l'ai prononcé, mais non comme je l'avais écrit; et je vous avais envoyé le manuscrit, dans l'intention de vous épargner des erreurs...

ARNOLD. Je suis désespéré de cette méprise qui a eu lieu en mon absence; mais elle ne se renouvellera pas. Continuez à faire comme ces messieurs; adressez-moi vos improvisations, et soyez tranquille, on ne commettra point deux fois la balourdise de vous faire parler dans le journal comme vous l'avez fait à la tribune.

(*Le membre de la chambre des communes sort.*)

L'AUTEUR qui a des livres sous le bras. Monsieur, j'ai publié un livre qui a pour titre...

ARNOLD. Permettez, chacun à son rang. Madame, je vous écoute.

LA COMÉDIENNE. Monsieur, ma fille vient d'être admise, par la société des artistes du théâtre de Drury-Lane, à débuter dans la tragédie. C'est demain qu'elle joue le rôle d'Ophélia. En vous remerciant des encouragemens que vous avez toujours donnés à la mère, je viens solliciter la continuation du même intérêt en faveur de la fille. Celui de vos collaborateurs qui se charge de rendre compte des représentations théâtrales a déjà composé l'article où il sera fait mention de la soirée de demain; il daigne y louer le jeu pathétique de ma fille, et reproduire les transports d'admiration qu'elle excitera dans l'assemblée. Veuillez donc, Monsieur, être assez bon pour l'autoriser à remettre dès à présent son article à l'imprimeur, pour que le public soit informé aussi promptement et aussi exactement que possible de la manière dont les choses se seront passées.

ARNOLD, regardant la débutante Je n'ai rien à refuser à

d'aussi beaux yeux ; on a nécessairement du talent, quand on est aussi jolie.

LA COMÉDIENNE. Ma fille aura l'honneur de venir en personne vous remercier du succès qu'elle vous devra. (Elles sortent.)

L'AUTEUR s'avance avec son livre à la main. Agréez un nouvel hommage de mon dernier ouvrage.

ARNOLD, tirant des papiers de sa poche et lisant. Qu'y a-t-il pour votre service ? Je suis un peu pressé.

L'AUTEUR, présentant son livre. Voulez-vous accepter cet exemplaire d'un livre qui m'a coûté dix ans de travail ?

ARNOLD, en écrivant sur des tablettes. Vous avez publié quelque chose ?...

L'AUTEUR. Oui, Monsieur ; et je viens vous supplier d'en faire annoncer la publication dans votre estimable et excellent journal ; il y a trois mois que je vous l'ai envoyé, et je vois qu'on s'occupe de tout, excepté de moi ; par exemple hier, il y avait un long article sur les modes. Vous avouerez, Monsieur, que ce jour-là il y aurait eu place pour un examen d'un ouvrage...

ARNOLD. Qui n'est pas, il est vrai, au nombre des objets de mode.

L'AUTEUR. Dont je vous prie d'agréer l'hommage. (Il offre son livre. Arnold continue à écrire, sans avancer la main pour le prendre.) Un de mes amis a bien voulu préparer un article; il m'y donne des éloges que j'ai voulu en vain lui faire retrancher; mais sur mes instances, il les a tempérés par quelques critiques qui vous détermineront sans doute à l'insérer. Le voici : il est de mon écriture; car j'ai été obligé de le mettre au net.

ARNOLD. Monsieur, nous ne recevons pas d'articles tout faits.

L'AUTEUR. Pardon, Monsieur; comme il y avait des critiques, je pensais qu'il aurait été admis... (Il offre encore son livre; Arnold lui tourne le dos.) (A part.) Chien d'impertinent! (Haut.) Monsieur, je vous remercie mille fois de l'intérêt que vous m'accordez, et je reviendrai dans un moment où je pourrai obtenir la faveur de vous entretenir sans être exposé à l'inconvénient de vous déranger. (Il sort.)

ARNOLD. Peste soit de ces myriades de faiseurs de livres! Cependant, j'ai tenu bon contre vent et marée, et j'ai fini ma chronique. (Il plie un papier et serre ses tablettes.) Elle est destinée tout entière à illustrer lord Wilson et son honorable nièce. Cela va faire ce soir le plus bel effet du monde.

FIN DU PREMIER ACTE.

ACTE SECOND.

(Un salon dans l'hôtel de lord Wilson.)

SCÈNE PREMIÈRE.

LORD WILSON, SIR ROBERT OSWALD.

LORD WILSON. Vous ici! et vous ne me faisiez pas prévenir de votre arrivée!

SIR ROBERT OSWALD. Je viens d'avoir un entretien avec Arnold, le célèbre rédacteur du journal radical.

LOLD WIRSON. Vous a-t-il fait part de ses intentions?

SIR ROBERT OSWALD. Oui, et j'en frémis pour vous.

LORD WILSON. J'espère mettre en pratique dans cette

circonstance les maximes que j'ai si souvent prêchées aux autres.

SIR ROBERT OSWALD. Membre de l'opposition avant de parvenir au ministère, vous n'avez jamais été en butte aux attaques terribles de la presse populaire. Vous ignorez ce que c'est que de voir son nom reparaître chaque jour dans leurs colonnes, avec un cortége de railleries ou d'insultes; d'entendre derrière son char de triomphe, cette voix ironique qui se fait entendre du monde entier; d'être précipité enfin dans le ridicule ou l'impopularité.

LORD WILSON. Je continuerai à servir mon pays et à obéir à ma conscience.

SIR ROBERT OSWALD. Ainsi, vous ne chercherez pas à remonter à la source de la diffamation, à vous disculper aux yeux de la nation?

LORD WILSON. Si le peuple anglais est assez aveugle pour méconnaître ses vrais amis, il ne mérite pas l'honneur que je lui ferais en me justifiant.

SIR ROBERT OSWALD. Je vois avec regret la pente sur laquelle vous vous laissez entraîner. Tout a changé en vous, quand vous avez perdu votre nom populaire de M. Ennis pour décorer votre nouvelle fortune sous le titre pompeux de lord Wilson.

LORD WILSON. Mon ami, en mettant la main sur le gouvernail, on sent le devoir de résister aux tempêtes et de conduire le navire au port. Le besoin de l'ordre se révèle à vous dans sa majestueuse grandeur; il faut faire le bien de son pays, malgré vos amis qui vous en veulent de ne pas suivre leurs conseils, et vos ennemis qui se réjouissent des malheurs de l'État pourvu qu'ils vous les attribuent. Dans cette situation, où l'on connaît le poids, la durée et la fin des choses, on apprend à mépriser le bruit, à dédaigner l'impatience, à s'élever au dessus d'une opinion que l'ignorance ou la passion fait changer d'heure en heure.

SIR ROBERT OSWALD. C'est ainsi que s'aveuglent tous les ministres. Il leur paraît honteux de se laisser guider par le grand jour de l'opinion; ils se font je ne sais quel faux soleil qui ne se lève que pour eux, et qui finit par éclairer le tombeau de leur patriotisme. Aigris de leur solitude au milieu de la nation, ils mettent leur générosité à braver les dangers de cet isolement. Ils appellent cela résister, et ce sont eux qui reculent; et le moment où ils s'estiment le plus est celui où ils sont le plus déconsidérés. Ah! que j'aimerais mieux à votre place donner quelque satisfaction au vœu populaire, faire quelques concessions...

LORD WILSON. Je vous vois venir, mon cher Oswald, vous êtes au nombre des impatiens.

SIR ROBERT OSWALD. C'est sagesse dans l'homme d'État de céder aujourd'hui ce qu'on lui arrachera demain.

LORD WILSON. C'est céder plus que la liberté elle-même ne demande, que de rendre un peuple plus libre qu'il ne peut l'être.

SIR ROBERT OSWALD. Vous amoncelez des orages sur votre tête.

LORD WILSON. Laissons-les éclater.

SIR ROBERT OSWALD. J'ai une pénible déclaration à vous faire.

LORD WILSON. Que vous voterez contre moi ?

SIR ROBERT OSWALD. Oui ; et que la place que j'occupe dans l'opposition ne me permet plus de songer, en ce moment, à cette alliance...

LORD WILSON. Ah !... J'y pensais moi-même ; cela se rencontre à merveille.

SIR ROBERT OSWALD. J'adore votre aimable fille ; mais...

LORD WILSON. Vous lui préférez votre popularité. Soit : soyez heureux par un tel choix. Brisons là. Au revoir, sir Robert Oswald. (Il sort.)

SIR ROBERT OSWALD. Quel sacrifice j'ai fait à ma position parlementaire! J'en mourrais de douleur, si je n'avais la chance de voir lord Wilson tomber du ministère, et de m'unir alors à celle à qui je sacrifierais tout, excepté la faveur du peuple, et l'estime de mon parti.

SCÈNE II.

HÉLÈNE, SIR ROBERT OSWALD.

HÉLÈNE. Venez me consoler.

SIR ROBERT OSWALD. Vous avez pleuré, je le vois?

HÉLÈNE. Oui; vous savez que j'aime à m'instruire. Il n'y a pas de mal à cela.

SIR ROBERT OSWALD. Non, sans doute.

HÉLÈNE Ce goût pour l'étude vient de m'attirer une cruelle raillerie.

SIR ROBERT OSWALD. Est-il possible?

HÉLÈNE. J'ai passé la nuit dans les larmes.

SIR ROBERT OSWALD. Que vous a-t-on reproché, miss Hélène? d'avoir appris sept langues et la géométrie?

HÉLÈNE. Une de mes cousines m'a dit, devant cinq à six personnes, que j'étais une pédante, un bas-bleu.

SIR ROBERT OSWALD. Un bas-bleu!

HÉLÈNE. Un bas-bleu.

SIR ROBERT OSWALD. Ah!

HÉLÈNE. Qu'en dites-vous?

SIR ROBERT OSWALD. Mais...

HÉLÈNE. Le mot n'est-il pas affreux? Un bas-bleu!

SIR ROBERT OSWALD. Un bas-bleu! Ciel!

HÉLÈNE. Se vit-on jamais traitée de la sorte; et n'ai-je pas raison de ne pouvoir me consoler, et de détester le jour où j'ai ouvert un livre pour la première fois?

SIR ROBERT OSWALD. Je vous conseille de brûler toutes vos grammaires, ou plutôt d'en faire présent à quelques uns de mes collègues de la chambre des communes.

HÉLÈNE. Vous aussi! vous vous moquez de moi.

SIR ROBERT OSWALD. C'est que vous êtes une enfant.

Allez, continuez à cultiver votre esprit, à enrichir votre mémoire, à développer les belles et précieuses qualités de votre cœur, et si c'est là ce qu'on appelle être un bas-bleu, je vous fais mon sincère compliment de ce que vous méritez une si agréable injure.

HÉLÈNE. Vous ne me connaissez pas. J'ai la faiblesse de ne pouvoir supporter le plus léger trait de ridicule.

SIR ROBERT OSWALD. Ne devenez jamais ministre.

HÉLÈNE. Ah! je sais que j'ai tort. Mais on pourrait me tuer par un mot. J'ai besoin de me distraire; accompagnez-moi à Hyde-Park.

SIR ROBERT OSWALD. Je suis au désespoir; mais les affaires....

HÉLÈNE. Les affaires! On ne va à la chambre que la nuit, dans ce pays-ci.

SIR ROBERT OSWALD. Je serai même dans la triste nécessité de renoncer à vous voir.

HÉLÈNE. Que voulez-vous dire?

SIR ROBERT OSWALD. Tout ce que je vous demande, c'est de ne pas m'oublier. Les absens auront-ils tort près de vous?

HÉLÈNE. Les absens, non; mais les mystérieux, oui.

SIR ROBERT OSWALD. Dites que les apparences, quelles qu'elles soient, peuvent vous tromper; mais daignez ajouter, en vous souvenant de moi : Il ne saurait me trahir.

HÉLÈNE. Quel est ce mystère?

SIR ROBERT OSWALD, *lui baisant la main.* Adieu, charmante Hélène; mon cœur se brise en vous quittant. Ah! pourquoi votre père est-il devenu ministre?

SCÈNE III.

HÉLÈNE.

Depuis que nous sommes dans les grandeurs, je n'ai plus que des sujets de tristesse : mes compagnes me boudent ou me disent des choses piquantes; nos anciens amis désertent notre maison; ma mère me regarde à peine; mon oncle n'a plus le temps de m'accorder un sourire; et maintenant sir Robert Oswald lui-même nous abandonne... Du reste, ce n'est pas là ce qui m'attriste le plus. Ah! si M. Seymour, qui ne m'a pas encore révélé sa condition, était ce qu'il paraît être! Son image me poursuit partout!... Voici mon oncle; Dieu, qu'il est pâle!

SCÈNE IV.

HÉLÈNE, LORD WILSON. (Il tient un journal.)

HÉLÈNE. Mon oncle!

LORD WILSON. Cela surpasse tout ce qu'on peut imaginer de plus infâme!

HÉLÈNE. Milord!

LORD WILSON. Et demain toutes les feuilles de l'opposition s'empresseront à l'envi de répéter cet atroce mensonge. Pauvre Hélène!

HÉLÈNE. Oui, c'est moi.

LORD WILSON, l'apercevant. Comment, toi! est-ce que tu sais? est-ce que tu as lu?...

HÉLÈNE. Milord, je ne vous comprends pas.

LORD WILSON, brusquement. Retirez-vous, j'ai besoin d'être seul. (Hélène s'éloigne.) Attends, viens, chère enfant;

(Il l'embrasse.) et c'est moi qui suis la cause de... Vil calomniateur, tu expieras ton audace!

UN DOMESTIQUE. Monseigneur le duc d'Oxford.

SCÈNE V.

LORD WILSON, LE DUC D'OXFORD.

LE DUC D'OXFORD, après avoir salué Hélène qui se retire. Elle est vraiment charmante; et du moins on a fait honneur à mon choix.

LORD WILSON. Ah! prince, vous avez lu cet article? (Il lui montre le journal.)

LE DUC D'OXFORD. Oui.

LORD WILSON. He bien! on m'accuse de.. de vous avoir vendu l'honneur de ma nièce!

LE DUC D'OXFORD. Personne ne sait mieux que moi combien le fait est calomnieux.

LORD WILSON. Une pareille inculpation n'est-elle pas infernale?

LE DUC D'OXFORD. Je suis de votre avis.

LORD WILSON. Notre honneur, la justice, l'intérêt de la vérité, le repos de toutes les familles ne conspirent-ils pas à demander la prompte répression d'une licence aussi criminelle?

LE DUC D'OXFORD. Mon cher lord, les hommes publics doivent expier leur élévation.

LORD WILSON. Comment, on pourra accuser scandaleusement un ministre du roi de la plus lâche et de la plus honteuse de toutes les actions! on mêlera dans cette inculpation dégoûtante d'audace et de cynisme le nom du frère du monarque; et l'atteinte portée à notre honneur à tous deux subsistera pour le triomphe de la calomnie actuelle et pour l'encouragement de toutes les calomnies à venir!

LE DUC D'OXFORD. L'offense est monstrueuse; mais la presse est libre. Que prétendez-vous?

LORD WILSON. Mon prince, vous prenez la chose avec un sang-froid qui m'étonne.

LE DUC D'OXFORD. Oubliez-vous les conseils que vous m'avez donnés ce matin?

LORD WILSON. Ah! mais pour Votre Altesse, le cas était différent.

LE DUC D'OXFORD. Comment!.. comment! on ne saurait être plus outragé que je l'ai été.

LORD WILSON. L'offense qu'on a commise contre votre auguste personne, permettez-moi de le dire, n'était rien auprès de l'affreuse diffamation dont je suis l'objet.

LE DUC D'OXFORD. Vous oubliez, Milord, l'article d'hier.

LORD WILSON. Relisez, mon prince, celui d'aujourd'hui.

LE DUC D'OXFORD. Comment! on accuse le frère du roi de passer les nuits dans les tavernes et dans les tripots, de s'acquitter envers ses créanciers en coups de bâton, de mettre son épée en gage pour payer les diamans de ses maîtresses, et vous traitez ces calomnies de bagatelle!

LORD WILSON. Eh quoi! on me dénonce comme ayant violé les plus saintes lois de la nature, comme ayant trafiqué, par le plus révoltant des contrats, de l'innocence de ma nièce, comme étant le plus infâme des parens, le plus corrompu des hommes, et le plus vil des ministres, et Votre Altesse trouve que je prends trop à cœur cette noirceur diabolique!

LE DUC D'OXFORD. Le silence du mépris est pour nous la meilleure et la plus digne des vengeances: du moins, vous me le disiez ce matin.

LORD WILSON. C'est que la situation était différente. Mais il est des outrages sur lesquels on ne peut se taire, vis-à-vis de l'offenseur, sans les aggraver pour l'offensé lui-même. Il faut que je tire réparation de celui-ci par les lois, par les tribunaux, ou par mon épée.

LE DUC D'OXFORD. Vous me trouverez disposé à voter dans la chambre des lords pour toute mesure destinée à mettre un frein aux emportemens d'une bande audacieuse de pamphlétaires qui se nourrissent de calomnie, qui sont aux gages de la haine, et qui doivent leur subsistance aux mauvaises passions qu'ils flattent ou qu'ils font naître. Je vois que vous êtes devenu raisonnable sur cet article. A la bonne heure; le pays profitera de votre indignation contre ceux qui vous ont blessé, et de la pitié que vous avez sentie pour vous-même. (Il sort.)

SCÈNE VI.

LORD WILSON, LADY SUNDERLAND.

LADY SUNDERLAND. O malheureuse mère! voir sa fille marquée d'une tache ineffaçable, livrée au mépris de toute la société, de la Grande-Bretagne entière! quelle destinée!

LORD WILSON. Calmez-vous, ma sœur; modérez ces transports.

LADY SUNDERLAND. Devais-je te voir condamnée à une pareille honte, toi dont la confiance naïve me racontait jusqu'aux pensées de ton sommeil, et m'offrait dans tes rêves un miroir pur où se réfléchissait à mes yeux la candeur virginale de ton ame! Te voici flétrie à jamais, ô fleur chérie, orgueil et gloire de mon veuvage; le souffle impur de la calomnie a passé sur ton front; et rien ne pourra effacer ton déshonneur de la mémoire des hommes.

LORD WILSON. Je reconnais l'ardeur de votre imagination qui exagère tous les maux; de grace, prenez plus d'empire sur vous-même. La vertu de ma nièce est à l'abri des traits empoisonnés d'un obscur détracteur.

LADY SUNDERLAND. Pourquoi nous avez-vous appelées auprès de vous, pour participer à l'éclat de vos nouvelles dignités? Nous étions si paisibles dans notre retraite de Richmond. Depuis que nous avons mis le pied dans votre hôtel, notre tranquillité et notre bonheur se sont évanouis. Encore si nous avions joui de votre société; mais souvent c'était le soir que nous vous apercevions, pour la première fois, au milieu de votre cercle officiel.

LORD WILSON. Lady Sunderland oublie avec quelle vivacité elle me pressait, dans ses correspondances, de ne pas laisser fuir l'occasion d'entrer au ministère. Elle oublie encore que c'est elle qui m'a proposé de venir chez moi avec miss Hélène pour diriger ma maison.

LADY SUNDERLAND. Il est vrai : la mort de ma pauvre sœur vous avait laissé dans une solitude qui m'inquiétait pour vous. Pour comble de malheur, il y a quinze ans, votre jeune Henri, ce seul fruit de votre union, avait été égaré par un domestique négligent dans les rues de Londres; et vous n'avez jamais pu découvrir ce qu'il est devenu. J'ai donc pensé qu'Hélène pourrait charmer les chagrins de votre isolement. Moi, je me suis chargée de faire les honneurs de votre maison, et je m'en suis acquittée de manière à exciter l'envie de toutes les femmes de vos collègues. Vos fêtes, où le bon goût s'alliait à la magnificence, ont réuni toute la cour.

LORD WILSON, à part. Je m'en suis aperçu à la dépense.

LADY SUNDERLAND. Mais pouvais-je m'attendre à voir ma pauvre Hélène exposée à subir l'humiliation d'un outrage dont la seule pensée me glace le sang dans les veines? Comment pourrai-je désormais la présenter dans le monde? Quelque injuste que soit le trait lancé contre l'innocence et l'honneur de notre famille, le coup est porté; tous ont lu, et personne n'oubliera : nos ennemis appuieront la colomnie; les étrangers la croiront vraie; les indifférens s'en amuseront; nos amis nous plaindront sans nous défendre; chacun en parlera par haine ou par pitié, et notre honte sera l'objet de tous les entretiens.

LORD WILSON. Je vais poursuivre le diffamateur devant les tribunaux.

LADY SUNDERLAND. A merveille! le scandale en sera plus grand. O terrible chose que la calomnie! c'est la blessure qui mutile et qui demeure éternellement visible. Tout ce qu'on fait pour la repousser la propage; toute résistance la fait mieux vaincre. Il ne reste plus à ma fille et à moi qu'à fuir les humains, et qu'à nous ensevelir dans un affreux désert.

LORD WILSON. Vous me déchirez le cœur en me tenant ce langage. Reposez-vous mieux, ma sœur, sur la vigilance de mon honneur intéressé à faire punir le pamphlétaire qui nous a outragés.

LADY SUNDERLAND. Je ne vois qu'une réhabilitation possible de la réputation d'Hélène : que sir Robert Oswald consente à l'épouser demain !

LORD WILSON. Laissez-moi faire, vous dis-je, et surtout modérez la vivacité de vos alarmes.

LADY SUNDERLAND. Je vois bien que nous n'avons qu'à dire adieu à l'Angleterre, et à nous embarquer pour l'Amérique. Je vais ordonner les préparatifs du départ.

SCÈNE VII.

LORD WILSON, M. LION.

LORD WILSON. Je n'avais pas besoin qu'elle vînt m'enfoncer le trait plus avant dans le cœur.

M. LION. Je me rends aux ordres de Votre Excellence.

LORD WILSON. C'est vous, monsieur l'avocat du roi ; que pensez-vous de l'article ?

M. LION. De l'article?

LORD WILSON. Oui.

M. LION. Mais j'en pense... De quel article, s'il vous plaît?

LORD WILSON. Eh! de celui de ce soir.

M. LION. Ah! de ce soir...

LORD WILSON. Eh bien!

M. LION. Mais je pense à peu près à cet égard comme tout le monde.

LORD WILSON. Bien : dites-moi, monsieur Lion, ce que vous feriez à ma place. Supposez, un moment, que vous êtes ministre.

M. LION. J'agirais certainement, si j'étais sage et habile, comme Votre Excellence se propose d'agir elle-même.

LORD WILSON. Nous ne nous entendons pas, monsieur Lion. C'est un conseil que je vous demande. Faut-il poursuivre?

M. LION, *avec chaleur.* Poursuivre? il le faut, sans doute.

LORD WILSON. Sur quelle partie de l'article appuierez-vous l'accusation? car il y a au commencement excitation à la révolte, et à la fin, diffamation privée.

M. LION, avec la même chaleur. Mais je suis d'avis de poursuivre l'auteur, et pour le commencement et pour la fin de son article.

LORD WILSON. E[illegible]vez-vous le texte bien présent à l'esprit.

M. LION. Bien présent? non; car j'avouerai à Votre Excellence que je ne l'ai pas lu.

LORD WILSON. Comment!

M. LION. Que Votre Excellence se rassure, je vais toujours commencer les poursuites.

LORD WILSON. Non, Monsieur, lisez d'abord, et vous poursuivrez après. (Il lui présente le journal.)

M. LION, tenant le journal. Hum!

LORD WILSON. Qu'en pensez-vous maintenant?

M. LION. Mille excuses, c'est que je n'avais pas...... (Il met ses lunettes. Après avoir lu :) Détestable, exécrable, effroyable, épouvantable, détestable, détestable.... Ah! je l'ai déjà dit, c'est que les mots manquent dans la langue pour qualifier un tel manque de procédés.

LORD WILSON. Vous appelez cela un manque de procédés?

M. LION. Pardon, Excellence, je n'ai pas toujours l'expression propre.

LORD WILSON, à part. Pourquoi faut-il que je sois obligé de me servir d'un pareil homme? (haut.) Allez de ce pas faire dresser l'accusation.

M. LION. Que Votre Excellence se repose avec pleine confiance sur mon zèle, ma fermeté, ma promptitude, mon expérience, enfin sur toutes les qualités que je possède. Je vais mener l'affaire grand train. Je vous promets, Milord, que l'article injurieux pour vous sera lu trois fois, six fois, dix fois, s'il le faut, à l'audience.

LORD WILSON. Non, non, ce n'est pas là ce que je demande.

M. LION. Si fait, si fait; je vais même avoir soin de rassembler tous les journaux, gazettes, revues, brochures, pamphlets où l'on peut avoir dit du mal de Votre Excellence, afin de lire tout cela au public, et de disposer les juges plus favorablement.

LORD WILSON. Gardez-vous en bien.

M. LION. Pas de pitié!

LORD WILSON. Je ne veux pas qu'on suive cette marche.

M. LION. Croyez-moi, il faut que tout le monde sache les horreurs qu'on ose imprimer contre les ministres de Sa Majesté.

LORD WILSON. Le remède serait pire que le mal, vous dis-je, et...

M. LION. Pas de compassion! vous êtes trop enclin à la clémence, la vertu des grandes ames.

LORD WILSON. Mais...

M. LION. Notre métier, à nous, c'est de faire condamner. Je cours au tribunal.

LORD WILSON. Écoutez les instructions que j'ai à vous donner.

M. LION. Votre Excellence peut être persuadée que je les suivrai de point en point. Milord, votre serviteur très-humble.

LORD WILSON. Demeurez, ne vous échappez pas si vite.

M. LION. Vite! Certes, je vais procéder vite!

(Il sort).

LORD WILSON. Monsieur Lion! monsieur Lion!

SCÈNE VIII.

LORD WILSON.

Il est sourd ou il est fou. Et telles sont les mains entre lesquelles je remettrais les intérêts de mon honneur! Renonçons plutôt à ces poursuites judiciaires qui souvent ne servent qu'à vous donner l'immortalité du ridicule, en comblant les vœux de vos adversaires qui se voient tirés de l'obscurité par le scandale du procès ; qui ont une occasion de braver la majesté de la justice qui les fait comparaître, et qui, loin de se justifier de l'outrage dont on les accuse, le grossissent encore en se faisant gloire de l'avoir commis. Mais, quoi! dois-je encourager mes ennemis à redoubler d'insolence? dois-je les laisser se prévaloir de mon silence, pour pousser plus loin leurs insultes? Non, il faut qu'ils soient châtiés avec une rigueur salutaire par l'autorité formidable des lois. Laissons le procès suivre son cours...! Mais si le diffamateur s'obstine, s'il invente des faits destinés à rendre sa calomnie vraisemblable, faudra-t-il entrer dans la discussion des preuves, soumettre ma conduite à une enquête déshonorante? Ah! je le prévois, l'impuissance de la loi à me venger me forcera à n'attendre que de moi-même la satisfaction qui m'est due. La haine me poursuit; le roi se défie de moi; mes envieux s'agitent; ma famille est dans les pleurs. Je commence à faire un triste apprentissage du prix auquel s'achète le pouvoir!

FIN DU SECOND ACTE.

ACTE TROISIÈME.

SCÈNE PREMIÈRE.

LADY SUNDERLAND.

J'attends sir Robert Oswald : je l'ai prié de venir s'expliquer avec moi sur ses projets d'union avec ma fille. Il est généreux ; son ame m'a paru droite et élevée; il comprendra les motifs de la démarche que va faire auprès de lui une mère réduite au désespoir par l'atteinte portée à l'honneur de son unique enfant.

SCÈNE II.

LADY SUNDERLAND, SIR ROBERT OSWALD.

LADY SUNDERLAND. Monsieur, j'ai désiré avoir

un entretien avec vous sur des intérêts qui me sont bien chers, et qui sont les plus importans que je puisse avoir dans la vie.

SIR ROBERT OSWALD. Milady, je vous écoute.

LADY SUNDERLAND. Êtes-vous encore, à l'égard de ma fille, dans les mêmes dispositions où vous étiez, il y a trois mois, lorsque vous m'entretîntes de votre attachement pour elle?

SIR ROBERT OSWALD. Mes sentimens pour l'honorable miss Hélène n'ont pas changé, ni ne changeront jamais.

LADY SUNDERLAND. Je n'attendais pas moins de sir Robert Oswald. La calomnie ne pouvait faire aucune impression sur un esprit comme le sien. Ah! si je l'eusse vu hésiter, si j'eusse remarqué le plus léger changement dans ses intentions, le moindre de mes chagrins dans cette circonstance n'eût pas été d'être contrainte à perdre quelque chose de mon estime pour lui.

SIR ROBERT OSWALD *à part*. Lord Wilson ne l'a donc pas informée de ma dernière démarche?

LADY SUNDERLAND. Maintenant que vous vous êtes expliqué, je puis, sans compromettre ma dignité vis-à-vis de vous, faire valoir, auprès de celui qui sera l'époux de ma fille, mon désir que cette alliance soit célébrée dans le plus court délai possible.

SIR ROBERT OSWALD. Milady..., sans doute mes sentimens... si je n'avais pas... (A part.) Je ne sais plus comment me tirer de là.

LADY SUNDERLAND. Je ne vous cacherai pas, mon cher Monsieur, l'horrible état dans lequel m'ont jetée les horreurs qu'on a dites sur ma pauvre Hélène dans les journaux. Lord Wilson s'est proposé de poursuivre le diffamateur devant les tribunaux; de recourir à la vindicte des lois, de faire punir d'une manière éclatante le coupable auteur du libelle; mais moi, dès le premier coup, je n'ai vu qu'une planche de salut dans cet injuste naufrage de la réputation et de l'honneur de ma fille; je n'ai vu que mon prompt consentement à la demande de sir Robert Oswald, qui pût répondre victorieusement à la calomnie, fermer la bouche à ceux qui seraient tentés de la propager, et qui pût enfin maintenir ma chère Hélène, au milieu du monde, dans l'inaltérable éclat de sa pure et chaste renommée.

SIR ROBERT OSWALD. Milady, il existe, dans la

Grande-Bretagne, un homme qui eût voulu racheter de son sang toute peine ressentie par votre aimable fille, toute offense faite à la pureté de sa vertu, et cet homme est devant vous.

LADY SUNDERLAND. Vous me ravissez en me parlant ainsi.

SIR ROBERT OSWALD. Quand j'ai vu l'opposition, dans les feuilles publiques, s'oublier à ce point de convertir la censure publique en diffamation personnelle, et chercher à abreuver lord Wilson de chagrins domestiques pour le dégoûter des affaires du gouvernement, j'aurais voulu prouver au monde entier, si cela n'eût dépendu que de moi seul, combien je tenais à honneur de m'unir à celle dont une horrible malignité avait osé flétrir l'angélique innocence.

LADY SUNDERLAND. Ah! esprit généreux, cœur magnanime, ami dévoué!

SIR ROBERT OSWALD. Mais avant que la presse se fût emportée à cet excès d'injustice et de licence, j'avais eu un entretien avec lord Wilson.

LADY SUNDERLAND. Pour le presser de conclure le mariage?

SIR ROBERT OSWALD. Non, Milady, au contraire.

LADY SUNDERLAND. Plaît-il?

SIR ROBERT OSWALD. J'étais venu lui annoncer que notre position réciproque dans le parlement ne me permettait plus de donner suite au désir que j'avais exprimé.

LADY SUNDERLAND. Je crois n'avoir pas bien entendu. Répétez-moi cela, je vous prie.

SIR ROBERT OSWALD. J'ai annoncé à lord Wilson que, comme lui il était entré au ministère, et que moi j'étais resté dans l'opposition, je ne pouvais plus penser, tant que durerait cette double situation, à conclure...

LADY SUNDERLAND. Vous renonciez à la main de ma fille?

SIR ROBERT OSWALD. Ce n'est pas sans le plus affreux combat entre mon devoir et mon amour, que j'ai pris cette détermination. J'ai immolé tout le bonheur de ma vie à l'accomplissement des cruelles obligations de ma situation politique. Mais, je vous le demande, Milady, puis-je continuer à combattre lord Wilson dans le parlement, si j'entre dans sa famille? Et puis-je renoncer à faire partie de l'opposition, si ma conscience m'assigne ma place sur les bancs des adversaires du système qu'il a embrassé? Ah! le jour où il sortira du ministère, je tombe à vos pieds et à ceux de miss Hélène, si elle n'a pas disposé de sa destinée, pour obtenir mon pardon et la réalisation du vœu le plus ardent de mon cœur.

LADY SUNDERLAND. O ma fille, nous voici ensevelies dans le déshonneur!

SIR ROBERT OSWALD. Comprenez, de grace, ma position.

LADY SUNDERLAND. Plus de moyen de réhabiliter sa réputation aux yeux du monde!

SIR ROBERT OSWALD. Daignez m'entendre, Milady.

LADY SUNDERLAND. Vous aussi! vous avez cédé à l'empire fatal de la calomnie!

SIR ROBERT OSWALD. Obtenez de lord Wilson qu'il donne sa démission, et j'épouse à l'instant sa nièce; et tout est sauvé, y compris l'État lui-même.

LADY SUNDERLAND. Sa démission!

SIR ROBERT OSWALD. Oui, usez de votre influence auprès de lui, au nom du repos de sa famille, de l'honneur de sa nièce, de sa tranquillité à lui-même, de notre bonheur à tous, pour qu'il abandonne une situation qui lui a ravi le plus beau et le plus précieux de tous les biens, la popularité: et aussitôt votre douleur s'évanouit, la calomnie expire, le monde vous respecte, la société vous accueille avec ses déférences accoutumées, et moi, je ne trouve plus aucun devoir qui me défende le bonheur.

LADY SUNDERLAND. Sa démission!

SIR ROBERT OSWALD. Oui, regardez-vous comme chose impossible de le déterminer à la donner?

LADY SUNDERLAND. Sa démission!

SIR ROBERT OSWALD. Trouvez-vous quelque chose d'étrange ou de blessant dans ma proposition?

LADY SUNDERLAND. Sa démission! Et c'était moi qui l'avais engagé à accepter le portefeuille qui lui était offert; moi qui avais excité son ambition; moi dont il daignait quelquefois prendre les avis dans les affaires les plus importantes; moi, qui nourrissais l'espérance de le voir devenir premier ministre! Et aujourd'hui, je lui donnerais le conseil de reculer lâchement... devant qui? Devant l'obscur et méprisable auteur d'un article de gazette!

SIR ROBERT OSWALD. C'est à vous de consulter, Milady, sur le parti que vous avez à prendre. Permettez-moi de vous laisser tout entière aux méditations que réclame un objet si important.

SCÈNE III.

LADY SUNDERLAND.

Ce n'est pas à lady Sunderland de conseiller jamais un acte de lâcheté. Je suis rendue à moi-même, et je vois les choses d'un œil que ne troublent plus les timides mouvemens de l'intérêt maternel ni la vaine crainte de l'opinion de la société.

SCÈNE IV.

LADY SUNDERLAND, LORD WILSON.

LADY SUNDERLAND. Mon frère, sir Robert Oswald met son union avec ma fille au prix de votre renonciation au pouvoir.

LORD WILSON. Est-il vrai?

LADY SUNDERLAND. Milord, faites tête à l'orage. Énergie et courage! Méprisez vos ennemis et faites les poursuivre.

LORD WILSON. Vous ne m'avez pas toujours tenu ce langage.

LADY SUNDERLAND. J'ai été faible un moment. La tendresse maternelle me tiendra lieu d'excuse.

LORD WILSON. Savez-vous ce que contiennent les journaux de ce matin? Ce n'est plus seulement la calomnie d'hier soir, ce sont toutes les diffamations ensemble : honneur, probité, délicatesse, loyauté, lumières, je n'ai plus rien : j'ai commis tous les crimes; j'ai trahi vingt fois l'État; je suis un monstre à exiler à Botany-Bay ou à attacher au dessus de la porte de Newgate.

LADY SUNDERLAND. Tenez ferme; il est beau de voir un grand cœur résister au déchaînement de toutes les passions animées à sa ruine.

LORD WILSON. Mon ame est trop sensible par excès de fierté, je l'avoue; mais je ferai taire en moi ces délicatesses de l'esprit, ces impresions douloureuses dues à trop de respect pour le jugement des hommes.

LADY SUNDERLAND. Bien, Milord.

LORD WILSON. Je combattrai mes ennemis dans le poste que m'assigne la confiance du roi, jusqu'à ce que la perte des suffrages du parlement amène l'heure de ma retraite

LADY SUNDERLAND. Vos misérables adversaires ne

sauraient vous avilir : mais pâlir devant la presse, ce serait vous déshonorer vous-même.

LORD WILSON. J'ai entendu parler de conspiration. Je vais faire lancer, contre les principaux rédacteurs des feuilles qui m'attaquent, vingt mandats d'arrêt.

LADY SUNDERLAND. Voilà ce qui s'appelle agir. Je veux que, pour mieux les punir, vous soyez premier ministre dans un mois.

LORD WILSON. Ah! je n'ai pas cette ambition..

LADY SUNDERLAND. Tant pis, Milord, je l'aurai donc pour vous.

LORD WILSON. La mort de lady Wilson et la perte de mon fils ont amorti en moi toute l'ardeur que demanderait le soin de ma fortune.

LADY SUNDERLAND. N'abjurons pas encore toute espérance de retrouver un jour votre cher Henry!

SCÈNE V.

LES PRÉCÉDENS, MISTRESS PATTERSON.

MISTRESS PATTERSON. Milady, Milord, mille respectueuses excuses pour mon indiscrétion, je cherchais miss Hélène.

LADY SUNDERLAND, montrant une porte. Elle est chez elle.

MISTRESS PATTERSON arrêtant lord Wilson qui se préparait à sortir. Ah! Milord, quel admirable discours vous avez prononcé avant-hier à la chambre des communes. C'était à foudroyer une assemblée. Pour moi, cette éloquence m'a anéantie; et, après avoir lu votre harangue, j'ai été deux heures sans pouvoir dire une parole.

LADY SUNDERLAND, à part. C'était un autre prodige.

MISTRESS PATTERSON, arrêtant lord Wilson qui a fait quelques pas. Feu mon mari avait bien raison de dire, Milord, qu'il n'y avait qu'un seul homme d'État dans toute la Grande-Bretagne; il savait vous admirer, ce pauvre amiral.

LADY SUNDERLAND, s'approchant d'une fenêtre. C'est la voiture du lord chancelier.

LORD WILSON. Je passe dans mon cabinet.

MISTRESS PATTERSON, l'arrêtant encore. Vous n'êtes pas seulement, Milord, le plus grand ministre, mais vous en êtes encore le plus juste et le plus affable. Tous les infortunés qui ont recours à vous s'en reviennent consolés. Je n'ai pas oublié que feu l'amiral vous avait dû sa promotion à ce grade qu'il avait payé de son sang, mais qui lui était disputé par la faveur et l'intrigue : et permettez aujourd'hui à sa veuve de vous supplier, en considération des services qu'il a rendus à l'État, de faire augmenter la pension qu'elle a obtenue et qui ne peut suffire...

LADY SUNDERLAND, à part. Nous y voici : le détour a été long.

LORD WILSON. Je ferai ce que je pourrai, Madame; j'en parlerai à mon collègue de la marine.

SCÈNE VI.

LADY SUNDERLAND, MISTRESS PATTERSON, HÉLÈNE.

LADY SUNDERLAND. Je vous laisse avec Hélène, qui est toujours charmée de voir son ancienne gouvernante.

MISTRESS PATERSON, à part. Son ancienne gouvernante! Il y a en effet long-temps de cela. Depuis j'ai été l'épouse d'un amiral.

LADY SUNDERLAND, bas à mistress Patterson. Surtout, gardez le silence, vis-à-vis de ma fille, sur un certain article de journal... Vous savez?

MISTRESS PATTERSON. Soyez tranquille, Milady; je ne lui parle jamais que de ce qui ne la concerne pas.

SCÈNE VII.

MISTRESS PATTERSON, HÉLÈNE.

HÉLÈNE. Eh bien! ma bonne mistress Patterson, qu'y a-t-il de nouveau?

MISTRESS PATTERSON. A en juger par la réception qui a eu lieu hier soir chez la reine, le noir va faire fureur. On ne voyait que du noir; le noir en robes, le noir en rubans, le noir en bordures, le noir en bouffans, le noir en fleurs; le noir de la tête au pieds; le jaune, le rose, le vert, le lilas, n'osaient se montrer qu'à travers des dentelles ou des blondes noires; et le noir est la couleur triomphante, la couleur de cour, la couleur qui va faire la loi.

HÉLÈNE. N'avez-vous pas d'autre nouvelle à me donner?

MISTRESS PATTERSON. Si fait. La duchesse de Radnor a traversé, ce matin, Hyde-Park à cheval; et l'on dit qu'elle était habillée à la turque : sultane complète; amazone en satin du Levant, turban avec un semé de liserons blancs, tracés en noir sur un fond émeraude; l'un de ses gens portait son châle qui représentait une mosquée.

HÉLÈNE. Quoi ! c'est là tout ce que vous avez à m'apprendre?

MISTRESS PATTERSON. Attendez.. Votre canezou est déjà trop vieux d'une heure. Il doit être plat, à pointe devant et en pélerine ronde derrière; tout autour un ourlet haut d'un doigt; au-dessous une rangée de cinq plis, et au bord une petite dentelle.

HÉLÈNE. Méchante femme! voulez-vous bien me parler d'autre chose?

MISTRESS PATTERSON. La cour part demain pour Windsor.

HÉLÈNE. Je le sais.

MISTRESS PATTERSON. L'évêque de Londres a fait hier une excellente oraison funèbre à Westminster, à l'occasion de la mort d'un comédien.

HÉLÈNE. On me l'a dit.

MISTRESS PATTERSON. Le jeune duc de Derby, qui avait hérité de deux millions de livres sterling, il y a un mois, s'est tué, cette nuit, par lassitude de la vie.

HÉLÈNE. On est venu nous en informer.

MISTRESS PATTERSON. Alors je n'ai plus rien à vous dire, car il m'est défendu de vous informer de ce qui vous intéresse.

HÉLÈNE. Comment?..

MISTRESS PATTERSON. Oui, Milady m'a prescrit le silence.

HÉLÈNE. Sur quoi?

MISTRESS PATTERSON. Sur ce qu'elle ne me permet pas de vous dire. Ainsi ne me le demandez pas, ce serait inutile.

HÉLÈNE. Vous auriez donc à me révéler quelque chose qui m'intéresserait?

MISTRESS PATTERSON. Oui, mais qui, en même temps, vous affligerait beaucoup. N'y pensons pas.

HELÈNE. J'aime mieux souffrir qu'ignorer.

MISTRESS PATTERSON. Miss, vous aurez beau me presser; si vous saviez l'importance du secret que vous désirez connaître...

HÉLÈNE. Ma bonne mistress Patterson, dites, je vous en supplie.

MISTRESS PATTERSON. Impossible : d'abord parler

est défendu pour moi; puis, écouter serait trop pénible pour vous.

HÉLÈNE. Vous redoublez ma curiosité. Parlez, je vous en conjure ; je ne vous trahirai pas.

MISTRESS PATTERSON. Je sais bien que ce sont de ces choses qu'on finit toujours par savoir tôt ou tard. Nous n'avons que trop d'ennemis charmés de les porter à notre connaissance.

HÉLÈNE. Hé bien?

MISTRESS PATTERSON. Mais il ne sera pas dit que ce sera moi, votre meilleure amie, qui vous aurai enfoncé le poignard dans le cœur.

HÉLÈNE. Le poignard dans le cœur! Vous m'épouvantez. Ah! si vous m'avez jamais aimée, comme vous le dites, prenez pitié de l'horrible incertitude dans laquelle je vais être plongée.

MISTRESS PATTERSON. Je vous quitte, chère enfant, de peur d'être faible et de céder à vos instances.

HÉLÈNE. Aurez-vous la barbarie de résister à mes prières?

MISTRESS PATTERSON. Je suis inflexible.

HÉLÈNE. Il y a huit jours que je songe au plaisir de vous offrir un petit présent : c'est demain l'anniversaire de votre naissance; j'ai là un diamant... (Elle tire une épingle de son fichu.)

MISTRESS PATTERSON, se rapprochant. Je ne veux rien entendre.

HÉLÈNE. Vous le voyez.

MISTRESS PATTERSON. Je m'enfuis, vous dis-je. (Se rapprochant davantage.) Il est vrai que cette pierre lance des feux éblouissans.

HÉLÈNE. Elle est à vous, prenez-la comme un témoignage de la reconnaissance et de l'amitié de celle dont l'enfance fut confiée à vos soins.

MISTRESS PATTERSON. Ce souvenir me touche jusqu'aux larmes; mais que dira Milady?

HÉLÈNE. J'ai acheté ce diamant avec le fruit de mes petites épargnes. Il m'est loisible d'en disposer.

MISTRESS PATTERSON, prenant le diamant. Non, jamais je ne l'accepterai. (Elle l'attache à son fichu.) Comme il brille! Je vous l'emprunte seulement pour m'en parer demain au bal de lady Portland.

HÉLÈNE. Et le secret?

MISTRESS PATTERSON. Me promettez-vous d'avoir du courage?

HÉLÈNE. Oui, parlez.

MISTRESS PATTERSON. C'est qu'il en faut beaucoup.

HÉLÈNE. J'en aurai suffisamment. Parlez.

MISTRESS PATTERSON. Me promettez-vous de vous élever, avec la fermeté qui convient à une conscience aussi pure que la vôtre, au dessus de tous les discours injurieux des hommes?

HÉLÈNE. Je vous le promets; mais parlez.

MISTRESS PATTERSON. Et vous engagez-vous à taire le nom de la personne qui vous aura informée?

HÉLÈNE. Je m'y engage; mais parlez, parlez, parlez!

MISTRESS PATTERSON. Vous n'allez pas vous lamenter au moins, faire éclat de sanglots ni de larmes.

HÉLÈNE Vous me condamnez en ce moment à un supplice pire mille fois que les tourmens que pourrait me causer la nouvelle de tous les malheurs réunis ensemble.

MISTRESS PATTERSON. Hé bien!... c'est que je ne sais comment vous faire comprendre exactement... Dans le journal d'hier soir... (Elle l'embrasse.) Pauvre enfant! est-elle pâle! elle tremble de tous ses membres.

HÉLÈNE. Au nom du Ciel, continuez!

MISTRESS PATTERSON. Dans le journal d'hier soir, se trouvait un article affreux où votre réputation était noircie d'une manière infâme.

HÉLÈNE. Eh! que pouvait-on dire contre moi? Aurait-on su les entretiens que j'ai eus chez vous avec monsieur Seymour? Ah! je vous le disais bien que cela serait connu tôt ou tard.

MISTRESS PATTERSON. Ce n'est pas cela.

HÉLÈNE. Pourquoi ai-je jamais rencontré ce jeune homme? ce n'est pas moi qui l'avais cherché.

MISTRESS PATTERSON. Il ne s'agit pas de lui.

HÉLÈNE. Tout mon tort est d'avoir reçu, sans le connaître et à l'insu de ma mère, l'aveu de son attachement pour moi... mais il a toujours été si respectueux!

MISTRESS PATTERSON. Il n'a pas été question de ces entrevues.

HÉLÈNE. Si élégant, si comme il faut!

MISTRESS PATTERSON. Voulez-vous m'écouter?

HÉLÈNE. Puis, dans ces rencontres-là, il y a quelque chose de si mystérieux, de si poétique...

MISTRESS PATTERSON. Voilà l'esprit romanesque de notre jeune lady! Je vous dis, honorable Miss, qu'il n'y a pas dans l'article un mot qui ait rapport à ce monsieur Seymour. On vous accuse d'une liaison avec une autre personne.

HÉLÈNE. Avec qui donc?

MISTRESS PATTERSON. Avec le duc d'Oxford.

HÉLÈNE. Avec le duc...?

MISTRESS PATTERSON. D'Oxford.

HÉLÈNE. Le frère du roi?

MISTRESS PATTERSON. Précisément.

HÉLÈNE. Mais il est marié.

MISTRESS PATTERSON. Raison de plus.

HÉLÈNE. Qu'a-t-on voulu dire par là?

MISTRESS PATTERSON. Ce qu'on a voulu dire?

HÉLÈNE. Oui ; de quoi peut-on m'accuser?

MISTRESS PATTERSON. Mais c'est votre oncle qu'on accuse de vous avoir... Oh! c'est une calomnie d'une horreur, d'une horreur!...

HÉLÈNE. Achevez.

MISTRESS PATTERSON. On a insinué que vous étiez devenue la... la maîtresse de Son Altesse.

HÉLÈNE. Ah!

MISTRESS PATTERSON. Ses yeux se ferment, ses couleurs s'effacent, elle perd le sentiment. Oh! qu'ai-je fait? qu'ai-je fait? (Elle la fait asseoir.) Revenez à vous, chère Hélène.

SCÈNE VIII.

MISTRESS PATTERSON, HÉLÈNE, LORD WILSON.

MISTRESS PATTERSON, (à part.) Lord Wilson! (haut. L'honorable miss Hélène s'est trouvée mal.

LORD WILSON. Appelez ses femmes! (S'approchant. Hélène!...

HÉLÈNE, ouvrant les yeux. C'est vous, Milord. (Elle se jette à ses pieds en pleurant.)

LORD WILSON. Relevez-vous, ma nièce. Quel est le sujet de votre douleur?

HÉLÈNE. Milord!

LORD WILSON. Parlez, Hélène; vous savez combien je vous aime, vous qui me tenez lieu du fils que j'ai perdu!

HÉLÈNE. Vengez-moi! vengez-vous!

LORD WILSON. Contre qui? je suis prêt.

HÉLÈNE. Contre nos calomniateurs...

LORD WILSON, à part. Ah! encore! (Haut.) Oui, nous serons vengés; rassurez-vous, ma chère fille; imitez-moi; voyez, je suis calme et insensible à des attaques que je méprise. Mais je ne soutendrais pas avec une égale indifférence le spectacle du chagrin qui vous accable.

HÉLÈNE. Je ne pourrai plus supporter la vie. Elle m'est odieuse! Qu'on m'en délivre, par grace!

LORD WILSON. Ne donnez pas, chère Hélène, à nos implacables ennemis le triste avantage d'avoir réussi à troubler l'heureuse paix dont nous jouissions.

HÉLÈNE. Ah! plutôt la mort que le déshonneur!

LORD WILSON, à part à mistress Patterson. Qu'est-ce qui a

eu la barbarie et la stupide inconséquence de l'instruire...

MISTRESS PATTERSON. Il faut avouer que la personne qui a commis une pareille sottise est bien répréhensible.

LORD WILSON. Séchez vos larmes, Hélène, et retirez-vous dans votre appartement. Soyez assurée que je saurai veiller avec la sollicitude d'un père à la défense des intérêts sacrés de votre honneur.

SCÈNE IX.

LORD WILSON.

Et je n'écraserai pas sous le poids de ma juste et rapide vengeance ces insolens journalistes qui ont troublé la paix de ma famille, violé l'accès sacré de mon foyer, répandu la douleur et la honte dans tous les cœurs qui m'environnent! Ah! vengeance par les lois ou par mon épée!

SCÈNE X.

LORD WILSON, M. LION.

M. LION. Je viens annoncer à Votre Excellence que le coupable est arrêté.

LORD WILSON. Qui?

M. LION. Le coupable.

LORD WILSON. Il y en a plus d'un.

M. LION. Le journaliste.

LORD WILSON. Ils étaient cinq.

M. LION. Celui qui s'est permis d'employer, en parlant de Votre Excellence, des termes si inconvenans.

LORD WILSON. Ils m'ont tous outragé.

M. LION. Je veux dire celui qui est prévenu de machinations révolutionnaires.

LORD WILSON. Il y a trente personnes impliquées dans cette conspiration.

M. LION. Alors, je ne sais plus comment le désigner.

LORD WILSON. Est-ce que vous ne savez pas son nom?

M. LION. Parfaitement.

LORD WILSON. Eh! que ne débutiez-vous par me le dire.

M. LION. Votre Excellence a raison, j'aurais dû commencer par là.

LORD WILSON. Quel est-il?

M. LION. Je viens de l'oublier. Ah! je le savais en entrant ici.

LORD WILSON, à part. Je n'ai jamais rencontré une créature humaine si insupportable. Je vais demander son remplacement.

M. LION. Au surplus, je peux le trouver sur le mandat d'amener que j'ai dans ma poche.

LORD WILSON. Empressez-vous donc.

(M. Lion tire des papiers, met ses lunettes, et cherche long-temps la pièce qui lui est nécessaire.)

LORD WILSON, à part. La lenteur de ce fonctionnaire me met au supplice.

M. LION. Je l'ai.

LORD WILSON. Et c'est ?....

M. LION. Arnold, rédacteur de l'*Evening-Post*.

LORD WILSON. Arnold! Je le tiens donc. Ah! Monsieur, vous vous permettez de calomnier outrageusement un ministre de sa Majesté, et de ravir l'honneur à toute ma famille. Nous saurons comment vous en punir. (Lord Wilson prononce cette dernière phrase très-haut, en regardant l'avocat du roi.)

M. LION, croyant que ces paroles s'adressent à lui. Qu'ai-je fait, Milord, pour encourir l'indignation de Votre Excellence ?

LORD WILSON. Ce n'est pas à vous que je parlais, mais à monsieur Arnold.

M. LION. A monsieur Arnold! Il est en prison.

LORD WILSON. Tenez-vous prêt à m'amener ici ce prévenu, dès que vous en recevrez l'ordre.

FIN DU TROISIÈME ACTE.

ACTE QUATRIÈME.

SCÈNE PREMIÈRE.

LORD WILSON, LADY SUNDERLAND.

LADY SUNDERLAND. Revenez-vous du conseil qui s'est tenu à Windsor ?

LORD WILSON. Oui.

LADY SUNDERLAND. Le roi a-t-il été bien pour vous ?

LORD WILSON. Il n'a pas daigné me dire un mot.

LADY SUNDERLAND. Et les autres membres du cabinet ?

LORD WILSON. J'ai lu sur leurs figures leur maligne satisfaction de me croire humilié.

LADY SUNDERLAND. Et qu'avez-vous fait aujourd'hui à la chambre des communes?

LORD WILSON. Pour ma part, un discours détestable.

LADY SUNDERLAND. Si vous montrez de l'abattement, Milord, c'est à qui cherchera à hâter votre ruine. Vos adversaires et vos envieux se diront: Il est vaincu puisqu'il commence à plier; et tous se ligueront contre vous pour se glorifier dans votre chute. Vos amis craindront de laisser leur fortune reposer sur l'appui chancelant de votre courage; ils dénoueront tout doucement les liens qui unissaient leurs espérances à la solidité de votre pouvoir; et, parmi eux, les uns vous laisseront vous débattre, dans une humiliante solitude, contre les attaques plus vives de vos ennemis; les autres viendront eux-mêmes aider à votre ruine pour se laver du crime d'avoir un jour soutenu votre puissance, et pour se créer des droits à une portion de vos dépouilles. Si, au contraire, vous bravez l'indifférence du roi, les intrigues de vos compétiteurs et le déchaînement de la calomnie, vos inférieurs prendront confiance en vous et vous formeront une clientelle imposante; tous les efforts pour vous renvoyer fortifieront l'autorité de votre crédit; la nation se sentira conduite par un bras plein de vigueur; et tout vous deviendra en aide et en faveur, jusqu'à ce que la haine se soit trouvée avoir affermi de ses propres mains l'édifice de votre grandeur.

LORD WILSON. Apprenez à me connaître mieux, ma sœur. Je ne suis pas de ces ambitieux qui ne vivent que pour combattre et dominer; de ces esprits inquiets et turbulens, pour qui le repos est un tourment, l'absence d'ennemis un malheur, une situation sans orages, une existence monotone. Sans doute je ne serais pas sincère avec vous, si je vous disais avoir vu sans plaisir mon élévation au poste que j'occupe. Il y a dans le gouvernement je ne sais quel vaste espace pour penser et agir, je ne sais quel prestige de victoire obtenue; quelle jouissance d'avoir atteint le prix des efforts de toute votre vie, qui ont agi puissamment sur mon ame. Mais j'ai toujours attaché trop de prix aux douceurs d'une vie paisible et honorée pour ne pas trouver qu'une fortune qui en exigeait le sacrifice coûtait bien cher à mon bonheur. Depuis hier surtout, j'ai avancé dans la connaissance des dégoûts et des amertumes qui suivent la conquête du pouvoir, et j'en suis à gémir de l'avoir jamais accepté.

LADY SUNDERLAND. S'il en est ainsi, donnez au plus vite votre démission.

LORD WILSON. Qu'on me procure un moyen honorable d'échapper à ce joug de fer, et vous verrez si je laisse fuir l'occasion.

LADY SUNDERLAND. Vous vous connaissez mal, Milord. Vous ne pourriez supporter la perte de ces honneurs qui vous paraissent achetés au prix de celle de votre félicité.

LORD WILSON. Rappelez-vous le temps où le peuple dételait ma voiture quand j'arrivais dans une ville, et où les mères excitaient leurs plus jeunes enfans à aider de leurs faibles bras à me traîner en triomphe. Alors mon nom était béni et invoqué : pour le faire briller, la presse n'avait que des lettres d'or; chacun de mes discours était préféré au pain et au sommeil par le plus pauvre artisan qui employait sa dernière obole à l'acheter, et les nuits de son repos à le lire. Et aujourd'hui, la pierre et la boue viendraient pleuvoir dans ma voiture, si j'oubliais de traverser pendant la nuit quelques une des cités du royaume; les enfans se servent de mon nom pour s'injurier les uns les autres; et il n'y a plus dans la langue de ce pays aucun terme offensant qui n'ait été employé à ma honte publique. J'ai bu jusqu'à la lie dans la coupe où la diffamation verse ses odieux poisons. Et vous voulez que mon cœur soit encore attaché à cette grandeur qui traîne après soi une si longue chaîne d'opprobres! Pouvez-vous le croire, Milady?

LADY SUNDERLAND. Je vous regardais comme un

homme d'État, je n'aime pas à sortir de mon erreur.

LORD WILSON. Ah! le repos, la retraite, l'oubli! C'est là ce qu'il me faut. Que je voudrais aujourd'hui même...

SCÈNE II.

LES PRÉCÉDENS, JAMES.

JAMES. Une lettre pour Son Excellence. (Il lui remet une lettre.)

SCÈNE III.

LES PRÉCÉDENS, EXCEPTÉ JAMES.

(Lord Wilson la décachette et lit.)

« MON CHER LORD,

« Je vous avertis qu'il est entré dans la pensée du roi de vous offrir le gouvernement général de l'Inde. Le duc d'Oxford, à qui vous avez dit que vous étiez dégoûté des affaires, et que vous aimeriez un pareil poste qui vous éloignerait de l'Angleterre, l'a demandé pour vous. Je tiens la nouvelle de bonne source. Cependant, il dépend de vous, d'accepter ou de refuser. Vous savez, pour ma part, ce que je désire ; faites-vous nommer demain, et nommez-moi le même jour votre neveu.

« SIR ROBERT OSWALD. »

LADY SUNDERLAND. Milord, vos souhaits sont comblés. Envoyez donc au palais votre démission.

LORD WILSON. Où le duc d'Oxford a-t-il pris que je voulais me retirer des affaires ?

LADY SUNDERLAND. Voilà : il aura mal interprété vos paroles !

LORD WILSON. De quoi se mêle-t-il ? Si j'avais eu envie de résigner mon poste, je ne me serais pas adressé à lui.

LADY SUNDERLAND. Vous auriez été droit à Sa Majesté.

LORD WILSON. Il y a là-dessous une intrigue cachée, une partie jouée contre moi dans le conseil ; mais je suis homme à tenir les cartes.

LADY SUNDERLAND. Voilà qui est bien dit.

LORD WILSON. Ah ! vous me croyiez déjà ébranlé ; et vous avez donné de l'épaule ; mais le mur tient bon, Messieurs.

LADY SUNDERLAND. Oui, sans doute, et quelques intrigues ne vous feront pas renoncer au bonheur de servir votre pays.

LORD WILSON. Vos batteries sont démasquées, mon excellent ami, lord chancelier ! mais, prenez-y garde, la mèche que vous allumez vous brûlera les doigts.

LADY SUNDERLAND. Je reconnais l'homme politique. Bien, bien.

LORD WILSON. Et l'on va voir, à l'activité que je déploierai dans les affaires, à l'attitude que je prendrai au parlement, aux coups vigoureux que je porterai à mes ennemis, s'il est vrai que le ministère soit un fardeau trop pesant pour moi.

LADY SUNDERLAND. Vous me ravissez ,mon frère. Dire que vous songiez à la retraite, c'était une calomnie de plus.

LORD WILSON. Voyez, dans un moment de dégoût, on lâche quelques mots sans conséquence, et vite, on s'écrie : Il veut se retirer.

LADY SUNDERLAND. Il faut vous connaître bien peu pour tenir un pareil langage.

LORD WILSON. Moi, quitter les affaires dans un moment où le roi et le pays réclament tout mon dévoûment. Jamais je n'ai été plus éloigné d'avoir une si lâche pensée.

LADY SUNDERLAND. Pour ma part, j'ai su vous rendre justice.

LORD WILSON. Commençons par écraser les calomniateurs.

LADY SUNDERLAND. Oserais-je vous donner un conseil? Faites venir M. Arnold, et employez tout, promesses, menaces, clémence, rigueur, pour l'amener à une éclatante rétractation.

LORD WILSON. Vous êtes de bon conseil, Milady.

SCÈNE IV.

LORD WILSON.

De plus, préparons contre les délits de la presse une loi assez sévère pour que nul pamphlétaire n'ose affronter les peines dont il sera menacé. Saisie, confiscation, amende, emprisonnement, exil, rien ne manquera à la perspective de leur châtiment. Ils m'ont trop fait souffrir, pour qu'ils puissent jamais souffrir assez!

SCÈNE V.

LORD WILSON, MISTRESS PATTERSON.

MISTRESS PATTERSON. Milord, je vous apporte une grande nouvelle, je crois avoir retrouvé votre fils.

LORD WILSON. Mon fils!

MISTRESS PATTERSON. Oui, votre cher Henry dont vous n'aviez pas de nouvelles depuis quinze ans.

LORD WILSON. Ah! où est-il ? parlez!

MISTRESS PATTERSON. Quand le domestique qui le conduisait se sépara de lui pour entrer dans une taverne, l'enfant fut trouvé par un matelot, quelques heures avant le départ de son bâtiment. Cet homme l'emporta à bord, dans l'espoir d'obtenir plus tard la récompense que sa famille réserverait sans doute à la personne qui ramènerait l'enfant égaré. Ce matelot mourut dans la traversée. L'enfant devint le favori du capitaine, et le suivit aux Indes. Une parente de cet officier de marine qui est décédée à Calcutta, ayant reçu dernièrement ses papiers qui étaient restés jusqu'alors dans cette ville, a cru y démêler, en rapprochant les circonstances, les traces de l'origine du jeune homme; et si elle ne s'était pas trompée, cet enfant serait celui dont votre seigneurie pleurait la perte.

LORD WILSON. L'étonnement, la joie, l'incertitude me pressent à la fois. Quelle est cette femme? Où est-elle?

MISTRESS PATTERSON. Je ne dissimule pas à votre

seigneurie qu'elle veut vendre son secret ; tout serait perdu si une autre que moi se mêlait de l'affaire. Cette dame a caché les papiers en question ; il ne sont pas chez elle, Il faut que vous me laissiez faire. Elle consent à me les remettre moyennant une somme de quatre mille livres sterling.

LORD WILSON, *tirant un portefeuille.* Les voici en billets sur la banque. Mais prenez garde d'être dupe d'une intrigue.

MISTRESS PATTERSON. Que votre seigneurie se repose sur mon jugement. Je cours chez elle.

LORD WILSON. Chère dame, si vous me ramenez mon fils, ma reconnaissance ne connaîtra d'autres bornes que celles de mon pouvoir.

SCÈNE VI.

LORD WILSON.

O mon fils, mon fils! seras-tu rendu à mon amour ? Quelle faveur inespérée de la destinée! Je ferai de toi un membre de la chambre des communes. Tu me consoleras, tu me seconderas; et, si l'on me calomnies, tu me vengeras.

SCENE VII.

LORD WILSON, M. LION.

M. LION. Conformément aux ordres que j'ai reçus de Votre Seigneurie, j'ai fait amener ici M. Arnold.

LORD WILSON, qui ne l'a pas vu entrer. Serais-je assez heureux pour le revoir?

M. LION, à part. Heureux de voir celui qui l'a outragé!

LORD WILSON, de même. De quelle ardeur je le presserai dans mes bras!

M. LION, à part. Sa Seigneurie a-t-elle perdu la raison? Peut-être le chagrin de l'offense qu'elle a reçue aura porté au cerveau : cela s'est vu.

LORD WILSON (de même). Je sèche d'impatience. Mon cœur vole au devant de lui. Puisse-t-on me l'amener bientôt!

M. LION. Rien de plus facile : il est là.

LORD WILSON, apercevant M. Lion. Que dites-vous? Serait-il arrivé?

M. LION. Oui, Milord, M. Arnold est dans la salle voisine.

LORD WILSON. M. Arnold! Ah!

M. LION. Dois-je l'introduire en présence de votre seigneuri e?

LORD WILSON. Oui; son nom a réveillé toute ma colère. Il faut qu'il se rétracte, ou qu'il retourne en prison, à moins qu'il ne fournisse bonne caution.

M LION, à part. Il est irrité maintenant; décidément la tête n'y est plus. (Entr'ouvrant la porte.) Entrez, Monsieur.

SCÈNE VIII.

LOLD WILSON, ARNOLD.

LORD WILSON. Monsieur, je consulte votre intérêt, en vous engageant à ne suivre ici que celui de la vérité...

ARNOLD. Je n'en ai jamais suivi d'autre.

LORD WILSON. Répondez, Monsieur; avez-vous à vous plaindre de moi personnellement ?

ARNOLD. Personnellement, non.

LORD WILSON. Avez-vous eu quelque raison de concevoir à mon égard des sentimens d'inimitié particulière?

ARNOLD. Particulière, non.

LORD WILSON. Ai-je fait, soit à vous, soit à vos proches, soit à vos amis, aucun tort direct qui vous ait inspiré contre moi un assez vif ressentiment, pour vous porter à en tirer vengeance? En un mot, avez-vous à rechercher sur celui qui vous interroge aucune satisfaction réclamée par une querelle ou une injure privée?

ARNOLD. Privée, non.

LORD WILSON. Hé bien! Monsieur, vos aveux me donnent le droit de me plaindre avec la juste énergie de l'homme offensé — car c'est l'homme et non le ministre qui vous parle en ce moment — de me plaindre, vous dis-je, de ce que vous êtes sorti des bornes de l'attaque permise par nos lois contre les actes des dépositaires de l'autorité publique, pour descendre aux violations les plus coupables du respect qui était au moins garanti à ma vie privée comme à celle du dernier citoyen. Quelle fureur vous a donc poussé à user de pareilles armes, jeune homme?

ARNOLD. Au ton dont vous m'interrogez, Milord, je vois que c'est encore le ministre qui me parle, et non l'homme privé. Je pourrais donc me dispenser, Milord, de répondre aux interpellations que vous m'adressez à ce dernier titre: mais je consens à m'expliquer, Milord, en vous priant toutefois, de vous abstenir, si vous désirez prolonger l'entretien, Milord, de ce geste et de ce regard menaçant, ainsi que de ce langage raide et superbe; car le tout, je vous en avertis, Milord, ne m'impose en aucune façon. Vous me demandiez, Milord, pourquoi je ne me suis pas borné à vous censurer dans l'usage que vous faites de la puissance et de l'autorité publiques qui vous ont été conférées. J'avoue, Milord, que la matière était riche, et qu'en effet un vaste champ était ouvert là au noble essor de l'indignation qui devait saisir, en vous voyant à l'œuvre, l'ame d'un patriote. J'aurais pu stigmatiser le ministre parvenu, qui s'est fait donner le titre de lord, sans doute parce qu'il aimait l'égalité à ce point qu'il a voulu l'établ r entre lui-même et les nobles aristocrates du royaume; qui, depuis qu'il est assis dans le conseil de la couronne, trouve que tout va bien, que chacun est à sa place, qu'il ne faut rien déranger; et qui semble n'avoir accepté le ministère que pour faire mentir tous les discours qu'il a prononcés, pendant qu'il jouait la comédie sur les bancs de l'opposition; j'aurais pu le montrer infidèle à ses principes comme un ambitieux, parjure à ses engagemens comme un courtisan, terrible comme un lion contre chaque réforme proposée; doux comme l'agneau envers tous les abus existans; et tour à tour tremblant ou colère devant la presse, comme l'enfant gâté devant les verges de sa mère; j'aurais pu le représenter...

LORD WILSON. Comme doué d'une merveilleuse patience qui lui fait écouter les injures qu'ose lui débiter en face un homme qui croit se grandir par l'audace, et sortir de la poussière à force d'insolence. Mais, Monsieur, ce n'est pas un article de journal que je vous demande ici : je ne vous ai pas condamné, Monsieur, à jouer le plat et ridicule personnage de me réciter celui que vous avez composé ce matin; épargnez-vous, Monsieur, ces vains frais de mémoire. Vous voulez m'attirer sans doute, par ces grossières offenses, à entrer en lice avec vous. Votre espérance, Monsieur, était de me faire sortir de mon calme accoutumé, d'exciter en moi une colère qui m'aurait emporté hors des bornes de la raison, et au delà du respect que je dois à mon rang, à mon caractère, à la justice de ma cause. Vous vous flattiez, Monsieur, de me faire descendre, par un emportement involontaire, sur le terrain du scandale où vous m'auriez trouvé de niveau avec vous. Mais vous serez trompé dans votre calcul, Monsieur : non, Monsieur, je ne me mettrai pas en colère (1); vous n'aurez pas la puissance de m'émouvoir; cela n'est pas donné à des gens comme vous, Monsieur, de me faire perdre mon sang-froid pour la durée d'une minute (2). Je vous le répète, je ne vous donnerai pas cette satisfaction; et, quant à vous répondre par des personnalités, c'est ce à quoi vous ne m'amènerez jamais. Ce n'est pas que le sujet fût stérile; certes, Monsieur, il ne m'exposerait qu'à l'embarras du choix. Il ne serait pas difficile de faire rentrer sous terre un gazetier affamé qui a commencé par écrire dans le journal de la cour, pour louer, à tant la ligne, la bonne mine et l'air de santé du roi, à son lever; ou pour décrire la longueur de la queue des robes des duchesses admises à l'honneur du tabouret; qui a vendu ensuite son encre au ministère tory, dans un journal subventionné, et qui, dépité du refus qu'on lui a fait, sous mon administration, d'une riche sinécure qu'il sollicitait, s'est mis aux gages d'une feuille révolutionnaire, et là a été soldé pour broyer chaque jour du fiel et du poison au service de toutes les passions et de toutes les haines qui lui jettent de l'or en lui disant: Soupçonne la probité de celui-ci;

(1) Lord Wilson dit ces mots avec le plus grand emportement.
(2) Il s'échauffe de plus en plus.

ôte l'honneur à celui-là ; rends les uns odieux, les autres ridicules ; abaisse le caractère, noircis l'innocence, flétris la vertu, déconsidère, diffame, calomnie! Tu y gagneras ton pain; et nous du scandale!

ARNOLD. A merveille : j'admire comme votre seigneurie excellerait à rédiger le préambule d'une loi contre la liberté de la presse. Il y aurait vraiment pour cela peu de chose à changer dans la belle tirade que vous venez de déclamer à mon bénéfice; tous les ornemens du genre y abondent. En vérité, Milord, je parierais que vous avez déjà en portefeuille quelque projet commencé sur cette matière.

LORD WILSON. Vous pourriez bien dire vrai, pour la première fois de votre vie, Monsieur.

ARNOLD. Bien, Milord; si j'en fais mention dans mon journal, ce ne sera donc pas une calomnie.

LORD WILSON. Nous vous abandonnons les actes et les intentions même de notre vie publique; mais justifiez-vous, encore une fois, de l'acharnement infâme avec lequel vous foulez aux pieds les barrières sacrées qui devaient entourer notre existence privée.

ARNOLD. Vous avez votre or, votre police, vos espions, vos prisons, vos bourreaux, pour présenter, épier, emprisonner, torturer les amis de la liberté :

nous, nous n'avons que notre plume pour vous résister, vous surveiller, vous effrayer et nous venger. Dès qu'un homme ose prendre en main les destinées du pays, rien de ce qu'il fait ne doit fuir la juridiction populaire : vous n'avez plus le droit d'être impunément, je ne dis pas ministres corrompus, fonctionnaires incapables, plats courtisans, comptables dilapidateurs, mais citoyens sans mœurs, joueurs effrénés, mauvais pères, époux débauchés, spéculateurs avares, amis perfides, négocians banqueroutiers. Si nous vous accusons, c'est toujours sur une apparence qui vous dénonçait, et si l'accusation n'est pas fondée, c'est encore à vous-mêmes que vous devez vous en prendre, de l'avoir rendue vraisemblable.

LORD WILSON. Je voudrais bien que vous me montrassiez sur quels fondemens vous avez bâti l'horrible et hideuse diffamation que vous avez élevée contre l'honneur de ma famille.

ARNOLD. Rien de plus facile, Milord : d'abord, vous aimez l'argent, Milord

LORD WILSON. Monsieur!

ARNOLD. C'est chose connue, Milord. En outre, vous tenez, Milord, prodigieusement, indestructiblement, amoureusement à votre portefeuille. Ce n'eût donc pas été merveille, Milord, que vous eussiez avisé aux moyens de vous unir à lui, de l'incorporer à vous, de l'identifier avec vous; et pour cela, rien de plus sûr que l'appui intéressé du frère du souverain. Dans cet état de choses, le duc d'Oxford a entretenu d'intimes relations avec vous; il s'est établi dans votre hôtel, comme à demeure fixe; il y est venu pendant votre absence; il a passé des heures entières en tête avec l'honorable miss Sunderland, votre nièce par alliance, il a mené cette jeune personne à la promenade, au théâtre, au concert, et vous savez entre nous de quelle respectable réputation jouit le respectable duc d'Oxford. C'est un prince qui a cet avantage, qu'il est impossible de le calomnier. De tout ce concours de circonstances défavorables pour vous et votre nièce, Milord, il est résulté des bruits injurieux à votre honneur et au sien. Lorsque les rumeurs ont pris une consistance telle, qu'il n'y avait personne à qui elles ne tintassent dans les oreilles, je les ai rapportées, Milord, dans mon journal; mais remarquez, Milord, que j'avais attendu, pour les enregistrer, qu'elles devinssent un fait et un fait de notoriété publique. Si vous appelez cela, Milord, de la calomnie, ce n'est pas moi qui suis le calomniateur, Milord; c'est tout le monde.

LORD WILSON. Vous avez assisté aux séances d'une société secrète, prohibée par les lois; vous êtes prevenu de conspiration; votre sort dépend de moi.

ARNOLD. Vengez-vous!

LORD WILSON. Écoutez-moi, Arnold : je ne doute pas que vous ne reconnaissiez au fond de votre ame l'insigne fausseté de la diffamation dont j'ai été l'ojet. Vos bravades de tout à l'heure ne sauraient me donner le change; voyons, je vous interpelle au nom de l'honneur : placez la main sur votre conscience; croyez-vous que j'aie commis l'horrible bassesse que vous n'avez pas craint de m'attribuer, celle d'avoir trafiqué de l'innocence de ma nièce?...

ARNOLD. Ce qui est écrit est écrit.

LORD VILSON. Écoutez-moi attentivement : Vous êtes jeune encore; votre âge peut servir d'excuse pour votre participation au complot qui a motivé votre arrestation. En quittant le déplorable métier que vous faites, pour embrasser quelque honorable carrière, vous pourrez servir utilement votre pays. Je ferai valoir ces considérations auprès du conseil; mais à une condiction : c'est qu'en homme d'honneur vous rétracterez publiquement...

ARNOLD. J'entends, Milord; faites-moi reconduire en prison. Mes amis et moi, nous avons foi dans l'avenir; il est à nous. Vous tomberez bientôt devant la colère du peuple; c'est lui qui me délivrera: un patriote ne se dément jamais.

LORD WILSON. Vous persistez...

ARNOLD. Oui, parce que nulle considération ne peut m'arrêter quand il s'agit de servir mon pays; et attendez-vous à soutenir une rude guerre, sitôt que j'aurai entre les mains cette plume avec laquelle j'ai juré de défendre la sainte cause du peuple.

LORD WILSON. Insensé, audacieux, obstiné, fanatique, vous me poussez à bout; soit. Si les lois ne suffisent pas pour vous punir, je me chargerai moi-même du soin de venger mon honneur.

ARNOLD. Milord, j'aime cette façon de parler. Elle vous réhabilite un peu dans mon esprit. Je suis toujours à vos ordres.

M. LION, appelant. Monsieur l'avocat du roi.

SCÈNE IX.

LES PRÉCÉDENS, M. LION.

LORD WILSON, à M. Lion. Si Monsieur ne peut fournir à l'instant une caution de quatre mille livres sterling, faites le conduire dans une prison d'État. Il y attendra son jugement.

M. LION. J'obéirai à Votre Seigneurie. (A part à lord Wilson qui va se retirer.) Eh! Milord, j'ai une prière à vous adresser. Il vient de vaquer une place assez importante au banc du roi; si je pouvais l'obtenir... (Il sort avec lord Wilson en continuant à lui parler.)

SCÈNE X.

ARNOLD, MISTRESS PATTERSON.

MISTRESS PATTERSON. Je n'ai pas trouvé madame Murray; mais je suis à peu près certaine que les papiers qu'elle a entre les mains vont éclaircir ce secret important. (Apercevant Arnold.) Vous ici, monsieur Arnold!

ARNOLD. Vous en ces lieux, mistress Patterson!

MISTRESS PATTERSON. J'ai une ancienne connaissance dans cet hôtel.

ARNOLD. Avez-vous des nouvelles de miss Alton? Hélas! pour moi, je ne la verrai de long-temps : je suis compromis.

MISTRESS PATTERSON. O Ciel! pour cet article sans

doute. Je viens d'apprendre que vous en êtes l'auteur. Qu'avez-vous fait? Vous ne savez pas sur quel cœur vous avez frappé.

ARNOLD. Si je ne fournis pas à l'instant quatre mille livres sterling de caution, je perds ma liberté.

MISTRESS PATTERSON, à part. Voilà une circonstance qui dérange tous mes calculs. Comment, s'il est enfermé, vérifier les renseignemens qui sont contenus dans ces papiers. J'aurais besoin de lui adresser tant de questions. (A Arnold.) Vous dites qu'il vous faut quatre mille livres sterling de caution.

ARNOLD. Oui, Madame.

MISTRESS PATTERSON, lui offrant des billets. Les voici.

ARNOLD. Madame, je ne puis accepter.....

MISTRESS PATTERSON. Prenez-les : je suis votre amie, et une amie plus dévouée que vous ne pensez.

ARNOLD. Il est vrai qu'en huit jours je puis m'acquitter à l'aide d'une souscription populaire... J'accepte. Vous n'aurez pas obligé un ingrat.

MISTRESS PATTERSON, à part. Je possède chez moi la même somme; et celle-ci est placée à gros intérêts.

SCÈNE XI.

ARNOLD, M. LION.

M. LION. Marchons, Monsieur.

ARNOLD. Où allons-nous, Monsieur?

M. LION. Comment, vous le demandez? en prison.

ARNOLD. Je n'irai pas.

M. LION. Hein! Qu'est-ce que vous dites?

ARNOLD. Que je suis libre, car je puis fournir.....

M. LION. Ah! vous faites le mutin; vous vous mettez en rebellion envers l'autorité judiciaire; vous ne marcherez pas, dites-vous? La force armée est là.

ARNOLD. Pas tant de bruit. Je vous dis que je puis fournir la caution demandée.

M. LION. Ah! une caution! Certainement, si vous en aviez une; mais vous n'en avez pas.

ARNOLD. Je vous répète que je l'ai dans ma poche.

M. LION. Dans votre poche que j'ai fait vider avant de vous amener ici!

ARNOLD. Elle s'est remplie. (Il lui présente les billets.)

M. LION. Que vois-je? en effet.... Un, deux, trois, quatre... La somme y est bien. Ah ça, d'où tenez-vous cet argent?

ARNOLD. Que vous importe, Monsieur ? Obéissez à la loi, vous qui l'invoquez toujours.

M. LION. Ces journalistes font, je crois, commerce avec le diable. Je vais prendre les ordres de milord.

SCÈNE XII.

ARNOLD, JAMES.

JAMES. Monsieur.

ARNOLD. Ah ! c'est toi.

JAMES. Vous savez que je suis toujours exact à vous faire tenir le bulletin de ce qui se passe ici.

ARNOLD. Oui, continue, et tu en seras toujours récompensé avec la même exactitude.

JAMES. Vous êtes bien bon. Ce que j'en fais, voyez-vous, Monsieur, ce n'est pas par intérêt. Fi donc ! loin de là ! mais par opinion : parce que, bien que je sois au service d'un ministre, voyez-vous, moi, je ne les aime pas, et que je suis toujours de l'avis de votre journal ; c'est comme ça qu'on sert son pays...

ARNOLD. As-tu quelque chose de nouveau ?

JAMES. Oui, Monsieur. Je vous dirai que miss Sunderland que vous avez si bien arrangée, ma foi, le méritait bien ; ce que je ne pensais pas d'abord : car elle a des rendez-vous avec un jeune homme... chez une certaine intrigante : je vous dis, elle a là quelque amourette qui est inconnue de la mère et de l'oncle ; ça, il faut rendre justice à l'oncle ; cette fois-ci, il n'y est pour rien.

ARNOLD. Je ferai usage de cette information dans mon article de ce soir.

JAMES. A votre service, Monsieur.

SCÈNE XIII.

LORD WILSON, M. LION, ARNOLD.

LORD WILSON, à Arnold. Vous êtes libre, Monsieur ; mais nous nous reverrons en particulier.

ARNOLD. Vous me ferez beaucoup d'honneur, Milord. (Il sort.)

LORD WILSON. Allons soutenir à la chambre des communes les dispositions sévères du bill que j'ai fait présenter dans la vue de mettre un frein aux abus de la liberté de la presse ; car, si cela dure, le roi ne trouvera plus personne qui consente à se charger du fardeau des affaires ; et la Grande-Bretagne périra faute de ministres.

FIN DU QUATRIÈME ACTE.

ARNOLD. S'agit-il de miss Alton? Vous ne trouverez pas de sujet qui m'intéresse davantage.

MISTRESS PATTERSON. Toujours miss Alton. Hé bien, oui, elle est comprise dans l'important secret que j'ai à vous révéler.

ARNOLD. De mon côté, j'aurai bientôt de sérieuses confidences à vous faire. En attendant, je réclame de vous, ma chère mistress Patterson, un nouveau service...

MISTRESS PATTERSON. Parlez.

ARNOLD. Vous êtes instruite de la défaite du ministère?

MISTRESS PATTERSON. Non; que s'est-il passé?

ARNOLD. Lord Wilson est congédié.

MISTRESS PATTERSON. Il n'est plus ministre?

ARNOLD. Depuis deux heures.

MISTRESS PATTERSON, à part. Contre-temps funeste! Comment lord Wilson, redevenu simple particulier, s'acquittera-t-il envers moi de toutes les peines que je me serai données?

ARNOLD. Il avait fait introduire à la Chambre, par un de ses amis, un bill monstrueux, horrible, assez despotique pour soulever l'ame de tout Anglais qui se connaît le droit de penser. La Chambre a refusé d'être complice des basses vengeances du ministre;

et le voici maintenant à terre, à l'abri de mes coups qui épargnent toujours les vaincus ou les morts.

MISTRESS PATTERSON, *à part.* Il est vrai qu'il lui reste encore une très-belle fortune.

ARNOLD. Me promettez-vous obligeance et discrétion?

MISTRESS PATTERSON. Ce sont mes deux seules vertus.

ARNOLD. Hé bien, je fais partie d'une réunion qui s'occupe des moyens de faire jouir la nation anglaise de toutes les libertés qu'on lui ravit, qu'on lui marchande ou qu'on lui refuse. Le ministère n'est pas encore recomposé. Il n'existe plus de gouvernement; le moment d'agir est venu pour nous; voulez-vous nous permettre de tenir ce soir une assemblée dans votre maison?

MISTRESS PATTERSON. Que me demandez-vous? Irai-je m'exposer, me compromettre, perdre ma pension?

ARNOLD. Si nous réussissons, votre fortune est faite.

MISTRESS PATTERSON. Jeune homme, jeune homme, je ferai changer vos dispositions avant ce soir.

ARNOLD. Moi changer! Mais le danger me plaît; l'action m'enivre; l'espérance me désennuie, la lutte m'exalte : si je n'avais pas ce grand but devant les yeux, je me brûlerais la cervelle.

MISTRESS PATTERSON. Votre caractère me plaît : je ne comprends que trop ce besoin de mouvement, cette difficulté de rester en place. Mais, je vous le répète, j'ai à vous confier un secret important qui peut changer votre destinée. Attendez-moi ici.

SCÈNE III.

ARNOLD.

Quel peut être ce mystère auquel la bonne dame fait allusion? Il en est deux pour moi, celui du passé et celui de l'avenir. J'ignore d'où je viens, et je ne sais où je vais. Je n'ai jamais connu mon père : mais ce n'est pas mistress Patterson qui ira chercher aux Grandes-Indes un secret qui y est resté enseveli; et, quant à ma future destinée, je la défie bien de me tirer mon horoscope. Il n'y a que moi qui sache ce que ce cœur-là (il se frappe le sein) renferme de haine pour mon sort présent, et d'ardeur à secouer la dépendance, l'oubli et la pauvreté. Oh! qui pénètrera jamais les élancemens de mon ame vers le pouvoir, la célébrité, la grandeur, la richesse! Je maudis en secret le métier de journaliste, mais puisque je n'ai pu devoir ces biens à ma naissance, il faut que je les tienne d'une révolution. Que d'autres cherchent la fortune dans un mariage : ce n'est pas à moi que convient cet ignoble calcul. O miss Alton, je vous aime, sans savoir qui vous êtes! et vous avez enchaîné toutes mes affections par le nœud le plus désintéressé qui exista jamais!

SCÈNE IV.

ARNOLD, MISTRESS PATTERSON.

MISTRESS PATTERSON. Avez-vous une bague?

ARNOLD. Oui.

MISTRESS PATTERSON. Montrez-la-moi.

ARNOLD. Pourquoi?

MISTRESS PATTERSON J'ai besoin de la voir. Allons, mon enfant, vite!

ARNOLD. La voici.

MISTRESS PATTERSON, la regardant. C'est bien cela. Le camée s'y trouve.

ARNOLD. Je la tiens d'un officier anglais qui m'a servi de père dans l'Indostan.

MISTRESS PATTERSON. Je le sais, je le sais. O bonheur! ô découverte tant désirée. (A part.) Quel dommage que lord Wilson ne soit plus ministre! (Haut.) Je cours chez lui. (A part.) Ma fortune était assurée. Mais n'importe! (Haut.) Je reviens dans un moment. (A part.) Lord Wilson a l'ame grande et généreuse : il saura peser dans sa reconnaissance le service que lui a rendu la veuve d'un amiral, veuve à qui il ne reste qu'une modique pension. (Haut.) Vous aurez bientôt de mes nouvelles. (A part.) Je veux que lord Wilson soit le premier averti : c'est un devoir de ma part. Je jouirai du bonheur de cette famille, en pensant que c'est mon ouvrage. (Haut.) Je vous en supplie, n'agissez pas avant mon retour : vous savez ce que je veux vous dire. (A part.) Quel dommage! quel dommage! qu'il ne soit plus ministre! (Elle sort précipitamment.)

SCÈNE V.

ARNOLD.

Je crois, Dieu me pardonne, que la bonne dame est devenue folle. Que signifient ces allées et venues, ces monologues. Quoi qu'il en soit, je vais toujours inviter mes amis à venir ce soir chez elle; une fois l'assemblée convoquée, mistress Patterson sera bien forcée de nous ouvrir les portes. Justement, voici tout ce qu'il me faut pour leur écrire. (Il s'assied devant une table et écrit.)

SCÈNE VI.

ARNOLD, HÉLÈNE.

HÉLÈNE, *sans apercevoir Arnold.* Mon oncle m'envoie ici pour savoir si mistress Patterson a réussi dans ses recherches. Ah ! s'il était vrai qu'elle eût retrouvé l'enfant qui avait été égaré, cet Henri qu'on disait charmant... Ce doit être un jeune homme, maintenant... (*Elle voit Arnold.*) Ah !

ARNOLD, *se levant.* Miss Alton !

HÉLÈNE. Monsieur Seymour, je venais voir mistress Patterson : il paraît qu'elle n'est pas chez elle. Permettez que je me retire.

ARNOLD. Elle va rentrer. Daignez l'attendre un moment.

HÉLÈNE. Non, je dois quitter ces lieux.

ARNOLD. Est-ce parce qu'elle n'y est pas ou parce que j'y suis ?

HÉLÈNE, *voulant sortir.* Souffrez, Monsieur.....

ARNOLD, *la retenant.* Permettre ainsi au bonheur de s'envoler, ce serait mériter qu'il ne revînt jamais ; j'ai trop besoin du hasard pour mépriser ses faveurs.

HÉLÈNE. Que dira-t-on encore de moi?

ARNOLD. Si toutes les voix des hommes ne servaient que d'échos à ma pensée, on dirait que vous êtes l'innocence réunie à la beauté, la candeur mêlée à l'enthousiasme; la vertu et la science, l'esprit et la bonté...

HÉLÈNE. Voilà le plus sûr moyen de me faire en aller.

ARNOLD. Demeurez, je vous en conjure. Mais d'où vient la profonde tristesse empreinte sur ce front charmant? Je ne sais quel nuage obscurcit aujourd'hui le feu accoutumé de ces yeux à la fois si doux et si brillans. Vous avez éprouvé quelque peine? Que ne m'est-il donné d'en connaître l'auteur?

HÉLÈNE. Me vengeriez-vous?

ARNOLD. Ah! mieux qu'un frère ne venge sa sœur, un fils sa mère!

HÉLÈNE. Gardez cette disposition. Je la mettrai à l'épreuve.

ARNOLD. Puisque vous voici présente à mes yeux, et que le chagrin dont je vois les traces sur ce visage adoré m'a amené à laisser éclater de nouveau mes sentimens, permettez-moi de leur donner aujourd'hui un libre cours. Vous ne pouvez, miss

Alton, vous méprendre sur le caractère sincère et profond de mes sentimens. Vous vous rappelez comment eut lieu notre première rencontre chez mistress Patterson : vous vouliez faire présent de votre portrait à madame votre mère. Afin de lui ménager une surprise, vous veniez ici donner des séances à l'artiste : c'était un de mes amis. Un jour, je vis chez lui l'ouvrage commencé ; et je restai immobile, tenant, dans mon ravissement, les yeux fixés sur cette image enchanteresse ; incrédule par admiration, je soutins que cette ébauche n'était qu'un rêve : lui, il m'offrit de me prouver l'existence du modèle en me procurant l'occasion de le voir. Je l'accompagnai en effet dans cette maison ; et mon cœur tout entier ne fut plus aussi qu'une image de ces charmes que retraçait son pinceau. Depuis ce jour, le sort de ma vie était décidé : chaque fois que je vous revoyais, je me répétais à moi-même le serment que je n'osais encore vous faire entendre. Aujourd'hui je le laisse échapper pour la première fois ; je ne vous demanderai pas à quelle famille vous appartenez, avant de vous avoir dit à genoux : Qui que vous soyez, vous êtes aimée pour vous-même !

(Il se met à genoux.)

HÉLÈNE. Relevez-vous, Monsieur.

ARNOLD. J'attends un mot... un seul...

HÉLÈNE. Dans l'ignorance où je suis moi-même sur la destinée de celui qui m'exprime de tels sentimens, que puis-je répondre, sinon que je désirerais que cette destinée ne fût pas un obstacle à l'approbation que j'aurais à demander à ma famille?

ARNOLD, *se relevant*. Ah! divine parole! Il ne reste plus qu'à nous connaître, et qu'à nous dire mutuellement qui nous sommes.

HÉLÈNE. Je ne suis pas miss Alton, c'est un nom supposé que j'ai pris dans cette maison, vis-à-vis des étrangers que j'y rencontrais; mais je ne vous informerai du véritable nom de mon père qu'après avoir tiré de votre bouche un serment solennel.

ARNOLD. Expliquez-vous. Je tiens tous les sermens possibles à vos ordres.

HÉLÈNE. J'ai reçu un outrage; le souvenir en est là, qui ferme l'entrée à tout autre sentiment jusqu'à ce qu'il soit effacé par la rétractation de l'offenseur.

ARNOLD. Son nom? et je cours prendre mon épée.

HÉLÈNE. Il faut que l'infâme se désavoue lui-même.

ARNOLD. Son nom?

HÉLÈNE. Vous acquerrez par là des droits à la reconnaissance de ma famille et à mon... intérêt.

ARNOLD. Ah! c'en est trop. Il est mort! son nom?

HÉLÈNE. Ne le tuez pas, de grace. Je ne veux pas son sang, mais un désaveu.

ARNOLD. Son nom? au nom du Ciel!

HÉLÈNE. C'est...

ARNOLD. Achevez.

HÉLÈNE. Arnold!

ARNOLD. Comment?

HÉLÈNE. Arnold, le journaliste.

ARNOLD, à part. O Ciel! quel funeste soupçon vient m'éclairer! (Haut.) Miss Sunderland?

HÉLÈNE. C'est elle qui vous demande vengeance.

ARNOLD. Vous-même. Ah!

HÉLÈNE Vous avez changé de visage. Grand Dieu! est-ce la calomnie qui exerce aussi son influence sur vous...? Malheureuse!

SCÈNE VII.

LES PRÉCÉDENS, LORD WILSON, M. LION.

LORD WILSON. Que vois-je? un homme qui s'entretient avec ma nièce! cette fois, ce n'était pas une calomnie.

M. LION. Ah! les journaux disent quelquefois la vérité, mais c'est lorsqu'elle vous fait de la peine.

HÉLÈNE. Milord!

LORD WILSON. Un journal habitué à diffamer notre famille annonçait ce soir à toute l'Angleterre que vous donniez des rendez-vous clandestins à un jeune homme honoré de vos bonnes graces. Hélène, nos ennemis ne s'étaient donc pas trompés!

HÉLÈNE. Mon oncle, ne me condamnez pas avant de m'entendre : le hasard y avait amené Monsieur...

LORD WILSON. Et puis-je demander à Monsieur son nom?

M. LION. Et ses qualités?

LORD WILSON, reconnaissant Arnold qui se tourne vers lui. Arnold!

HÉLÈNE. Que dites-vous?

LORD WILSON A HÉLÈNE. Avec celui qui vous a calomniée!

HÉLÈNE. Vous vous trompez, mon oncle.

M. LION. Sa Seigneurie ne se tompe pas, Miss : je connais Monsieur, et Monsieur me connait

Nous nous sommes vus encore ce matin; donc, nous nous connaissons, et c'est ce qui prouve, sans réplique, qu'il est M. Arnold. Demandez-le plutôt à lui-même.

ARNOLD. Oui, c'est moi. (Hélène court se jeter dans les bras de lord Wilson.)

LORD WILSON. Quoi! Monsieur, c'est de vous-même que vous parliez dans votre nouvel article de ce soir, quand vous dénonciez les prétendues intrigues de ma nièce!

M. LION, à part. Décidément, il voulait lui ôter l'honneur de toutes les façons!

ARNOLD. Je ne savais pas que Miss fût la nièce de lord Wilson.

LORD WILSON. Vous l'ignoriez? cependant j'ai pris des renseignemens, sur la foi de votre propre dénonciation; et comment se fait-il que vous ayez rencontré si souvent ma nièce dans cette maison, sans savoir qui elle était.

ARNOLD. Elle y venait sous un autre nom que le sien.

LORD WILSON. Est-il possible? Hélène! Hélène!

HÉLÈNE. Milord, n'achevez pas de m'accabler!

ARNOLD, à part. Qu'ai-je fait? le trait a été percer celle que j'aimais.

LORD WILSON, bas à Arnold. Sortons, Monsieur.

ARNOLD. Volontiers.

HÉLÈNE. Où allez-vous? Qu'allez-vous faire? Ah! je devine. Mon oncle, je vous en conjure; je ne vous laisserai pas sortir. (Elle se jette à genoux devant lord Wilson.)

M. LION. En effet, Milord, vous allez vous compromettre. Un ministre... Ah! il est vrai que vous avez donné votre démission. N'importe, vous avez été élevé à la pairie. Puis, si vous étiez sûr d'être vainqueur, je ne dirais pas... mais...

HÉLÈNE A LORD WILSON. Tuez-moi, tuez-moi plutôt!

LORD WILSON. Laissez-moi libre, ma nièce, de venger mon honneur contre lui, et j'ajouterai contre vous. (Hélène se relève, et va tomber sur un siége.) (A M. Lion.) Prenez soin d'elle. (A Arnold.) Marchons, calomniateur; qu'une épée remplace la plume!

ARNOLD. Je suis prêt, ministre tombé; mon épée sera aussi prompte que ma plume à châtier une arrogance qui survit à la perte du portefeuille.

LORD WILSON. Votre punition va être un exemple utile, qui intimidera la lâche engeance de tous les vils diffamateurs.

M. LION. Messieurs, Messieurs, si vous êtes absolument résolus à vous battre, au moins ne vous mettez pas en colère.

ARNOLD. Votre exemple apprendra à tous les parvenus, qui ont la bassesse de se faire hommes de cour, que, dès qu'ils oublient leur origine, le châtiment suit de près la défection.

LORD WILSON. Misérable pamphlétaire.

ARNOLD. Apostat déchu.

M. LION. Messieurs, l'entretien va dégénérer en personnalités.

LORD WILSON. A moi, si vous n'êtes pas seulement hardi à calomnier.

ARNOLD. En avant, si vous n'êtes pas seulement courageux contre nos libertés.

SCÈNE VIII.

LES PRÉCÉDENS, MISTRESS PATTERSON, SIR ROBERT OSWALD.

MISTRESS PATTERSON. O Ciel! où allez-vous?

HÉLÈNE, *se ranimant.* Ils vont se battre!

SIR ROBERT OSWALD. Se battre!

MISTRESS PATTERSON *à* LORD WILSON. Savez-vous.

Milord, contre qui vous allez tourner votre épée? Ce fils que vous cherchiez...

LORD WILSON. Hé bien!

MISTRESS PATTERSON. Il est découvert.

LORD WILSON. Où est-il?

MISTRESS PATTERSON, montrant Arnold. Le voici.

SIR ROBERT OSWALD. Monsieur Arnold!

LORD WILSON. Mon fils!

ARNOLD. Mon père!

HÉLÈNE. Qu'ai-je entendu?

M. LION. Cela tourne au merveilleux.

MISTRESS PATTERSON. Je volais chez Votre Seigneurie pour vous informer de cette grande nouvelle. Vous veniez de quitter votre hôtel. J'ai fait courir sur vos traces; je vous trouve enfin, au moment où le père et le fils allaient s'égorger: grand Dieu!

LORD WILSON. Mais êtes-vous bien certaine?...

ARNOLD. Quelles preuves pouvez-vous fournir?...

MISTRESS PATTERSON. Patience! (Elle cherche des papiers.)

LORD WILSON, à part. Je suis confondu.

ARNOLD, à part. Je demeure stupéfait.

LORD WILSON, à part. Mon fils se trouve dans la personne de mon implacable ennemi!

ARNOLD, à part. Celui que je brûlais de renverser

du ministère, et qui a été en butte à la fureur de mes attaques, serait mon père!...

LORD WILSON, à part. C'est du moins un jeune homme de la plus haute espérance.

ARNOLD, à part. Le voici hors du conseil de la couronne; mais il est certainement le premier homme d'État du pays.

HÉLÈNE, à part. Il aurait beau être mon cousin, je ne lui pardonnerais jamais.

MISTRESS PATTERSON. Pardon, Messieurs; vous savez, Milord, que les recherches faites par vos ordres à l'amirauté avaient prouvé que votre jeune Henri avait été transporté à bord d'un bâtiment de commerce par un matelot dont le nom était Francis; mais on n'avait jamais pu découvrir à quel bâtiment appartenait ce marin. Voici une note trouvée dans les papiers du capitaine Ingram...

ARNOLD. Ingram! c'est en effet le nom de l'homme généreux qui m'a élevé; capitaine de vaisseau marchand, il est mort aux Indes.

MISTRESS PATTERSON, à lord Wilson. Vous l'entendez? Maintenant lisez. (Elle présente un papier ouvert à lord Wilson.)

ARNOLD, s'approchant. Je reconnais sa signature.

LORD WILSON, lisant. « Je déclare que le jeune Arnold a été amené à Bombay par le matelot Francis, à bord du brick *le Sydney*, de 1,400 tonneaux; et que je lui ai fait faire une bague avec un camée qu'il portait au cou, lorsqu'on l'a trouvé, et qui représentait une tête de religieuse, le tout afin de lui faciliter la découverte de sa famille.

« JOSEPH INGRAM. »

MISTRESS PATTERSON, à lord Wilson. Regardez sa bague : regardez; le camée y est bien.

ARNOLD. Je me rappelle maintenant qu'il me parla, pendant sa maladie, d'un papier qu'il voulait me remettre, mais il mourut subitement dans le cours d'une nuit.

LORD WILSON, après avoir regardé la bague. Plus de doute!... Monsieur!... Arnold! ou plutôt Henri!..

ARNOLD. Milord!...

LORD WILSON, lui ouvrant ses bras. Viens, mon fils!

ARNOLD, se précipitant dans ses bras. Oui, donnez-moi ce nom.

M. LION. Une poignée de main, jeune homme. Pour ma part, vous ne m'aviez jamais offensé; mais c'est égal, je vous pardonne de tout mon cœur. (Il serre la main d'Arnold.)

LORD WILSON. Hélène, imite-moi, oublie tout.

HÉLÈNE. Jamais.

LORD WILSON. Comment, jamais!

ARNOLD. Ah! Hélène.

SIR ROBERT OSWALD. Maintenant que lord Wilson n'est plus au pouvoir, moi je fais revivre mes anciens droits. Aimable Hélène!

HÉLÈNE. Vous, vous avez préféré à la main d'Hélène le soin de votre popularité. Restez uni à celle-ci, et ne songez pas à l'être jamais à une femme qui veut la première place dans le cœur de son époux.

M. LION. Bien; en voici un dont le compte est soldé. A l'autre.

HÉLÈNE, à Arnold. Quant à vous, l'homme qui a pu outrager une femme sans la connaître ne saura jamais respecter celle qu'il aimera.

ARNOLD. Ce n'était pas la femme que je voulais atteindre, c'était le ministre.

LORD WILSON. Et c'était ton père dont tu flétrissais l'honneur à l'aide de l'infamie que tu versais pour toujours sur celle qui était l'objet de tes affections! Voilà l'école de la calomnie.

ARNOLD. Je suis corrigé; mais je reste dans l'opposition.

LORD WILSON. Pour moi, j'ai poussé trop loin le

ressentiment : aussi ma loi contre la liberté de la presse a été la cause de ma chute. La leçon est pour nous deux. Profitons-en : et laisse-moi le soin de travailler à adoucir, en ta faveur, le courroux d'Hélène.

MISTRESS PATTERSON. Ce sera ma dernière négociation.

FIN DU CINQUIÈME ET DERNIER ACTE.

TABLE.

FIN DE LA TABLE.

www.ingramcontent.com/pod-product-compliance
Ingram Content Group UK Ltd.
Pitfield, Milton Keynes, MK11 3LW, UK
UKHW020424200726
13857UKWH00002B/270

9 782011 918758